GÜNTER STEIGER

DIE SCHLACHT BEI JENA UND AUERSTEDT 1806

Herausgegeben von der
Gemeindeverwaltung Cospeda
in Verbindung mit Marga Steiger (Jena)

Bearbeitet und erweitert von
Joachim Bauer (Cospeda)
Klaus-Peter Lange (Lützeroda)

VERLAG GERHARD SEICHTER RUDOLSTADT

CIP-Titelaufnahme der Deutschen Bibliothek

Steiger, Günter:
Die Schlacht bei Jena und Auerstedt 1806 / hrsg. von der Gemeindeverwaltung Cospeda in Verbind. mit Marga Steiger / bearb. von Joachim Bauer und Klaus-Peter Lange. - Rudolstadt: Verl. G. Seichter.

2., bearb. und erw. Aufl. 1994

ISBN 3-930702-00-2

NE: Gemeindeverwaltung Cospeda / Steiger, Marga (Hrsg.)
Bauer, Joachim / Lange, Klaus-Peter (Bearb.)

Inhaltsverzeichnis

"Was wird die Geschichte einst von uns sagen? Kann sie nicht vielleicht sagen, daß wir in dem oder jenem Punkt ebenso blind gewesen seien wie unsere Ahnen 1806, auf die wir von Turmhöhe herabzusehen gewöhnt sind?"

v. Boguslawski

Gedenkstätte 1806 in Cospeda bei Jena mit der historischen Gaststätte "Grüner Baum zur Nachtigall" nach der Neugestaltung 1979.

Vorwort

Lebe mit deinem Jahrhundert,
aber sei nicht sein Geschöpf,
leiste deinen Zeitgenossen
aber was sie bedürfen,
nicht was sie loben.

F. Schiller

Gemäß dieser Maxime hat Prof. Dr. Günter Steiger bis zu seinem Tod 1987 gewirkt. In der Ausübung seiner Tätigkeit als Kustos der Friedrich-Schiller-Universität Jena setzte er sich nachhaltig für die Erschließung und Bewahrung des geistig-kulturellen Erbes unseres Volkes ein. Dies war seine vornehmste Aufgabe, dafür hat er gelebt und gestritten.
Seine Publikation **"Die Schlacht bei Jena und Auerstedt 1806"**, die 1981 erschien, ist nur ein Beispiel seiner schaffensreichen Arbeit auf dem Gebiet der Regional- und Kulturgeschichte. Die Dokumentation wurde in der Gedenkstätte 1806 in Cospeda vertrieben und war Ende der achtziger Jahre vergriffen.
Bürgermeister und Gemeindeverwaltung beschlossen deshalb, eine zweite, bearbeitete Auflage herauszugeben, der Marga Steiger freundlicherweise zustimmte.
Möglicherweise beschließt die Kommune mit der neuen Fassung der Broschüre ihre Tätigkeit zur Verbreitung populärwissenschaftlicher Literatur auf kulturhistorischem Gebiet; soll sie doch 1994, im Rahmen der Gebietsreform, ihre jahrhundertalte Eigenständigkeit verlieren und gegen den Willen ihrer Bürger der Stadt Jena angegliedert werden.
Mögen uns die Worte Friedrich Daniel Schleiermachers, die er als Zeitzeuge der historischen Ereignisse von 1806 formulierte, zu denken geben.
"Alles Politische, was bis jetzt bestand, war, im Großen und Ganzen, ein unhaltbares Ding, ein leerer Schein. . . . Dieser Schein muß verschwinden und nur auf seinen Trümmern kann die Wahrheit sich erheben."

Winfried Oswald
Bürgermeister von Cospeda

Einleitung zur zweiten Auflage

"Meine Freundin, ich habe gegen die Preußen schön manöverirt. Ich habe gestern einen großen Sieg errungen. Sie waren 150000 Mann; ich habe 20000 gefangen genommen, 100 Geschütze und Fahnen erobert. Ich stand dem König von Preußen gegenüber und war in seiner Nähe ... Ich biwakiere seit zwei Tagen. Es geht mir ausgezeichnet ..."

Napoleon an die Kaiserin — Jena, 15. Oktober 1806
3 Uhr morgens

"Bei Jena focht ich zu Pferde und stellte noch die letzten Truppen aus, aber zuletzt lief ich mit den anderen davon, in guter Gesellschaft mit Fürsten und Prinzen . . . Das waren Greuel! Tausendmal lieber sterben, als dies wieder erleben. Aber, aber, unsere Generäle und Gouverneure!
Das wird Zeilen in der Geschichte geben."

August Neidhardt von Gneisenau an
Johanna Friederika Trütschler
zu Falckenstein — 31. März 1807

"Nach Jena zu gehen konnt ich mich nicht entschließen, so wie ich manche Briefe an Sie wie diesen schon zerrissen habe. Die Umwendung der Dinge steht einem noch zu nahe, alles was man sagt ist unzulänglich oder unzulässig und so schweigt man lieber oder nimmt sich zurück als daß man spräche."

Goethe an Carl August — Dezember 1806

I.

"Am Anfang war Napoleon."[1]

Mit diesem programmatischen Ausspruch leitet Thomas Nipperdey seine Deutsche Geschichte 1800 - 1866 ein.

Dieser, durch Napoleon gesetzte "Anfang", war zugleich für das alte Reich der endgültige Untergang, sein "Ende".

Österreich hatte im Bündnis mit England, Schweden, Rußland und dem Königreich Neapel bei Austerlitz im Dezember 1805 ein militärisches Desaster erlitten. Dem folgte die Unterzeichnung der Rheinbundakte im Juli 1806 und - hiervon soll in unserem Buch die Rede sein - die Niederlage Preußens bei Jena und Auerstedt im Oktober 1806.

Die Doppelschlacht von Jena und Auerstedt bewegte seit den Oktobertagen jenes Jahres immer wieder die Gemüter. So unterschiedlich die Urteile auch ausfielen, sie stimmen in einem überein - es handelte sich um eine der tiefgreifendsten und folgenschwersten Entscheidungen, die in der europäischen Geschichte je gefallen waren. Die Ursachen für ein solch breites Interesse sind vielschichtig.

"Jena 1806" wurde zum Symbol für Niederlage: für "Schmach", "nationale Katastrophe" und "nationale Schande". Unterlegene und Zeitzeugen von 1806 brachten jene Stimmung unter dem tiefen Eindruck ihrer Erlebnisse oft zum Ausdruck, lange bevor die Historiker und Politiker des aufblühenden Nationalismus im Europa des 19. Jahrhunderts dies taten.

"Der gestrige Tag ist einer der unglücklichsten und traurigsten meines Lebens gewesen", schrieb Friedrich Wilhelm III. auf der Flucht an seine Gemahlin.[2] Wir hatten eingangs bereits die Gefühle Gneisenaus nach der Schlacht zitiert, und es wären noch viele Zeugnisse anzuführen.

Es finden sich selbstkritische Urteile, teils verbunden mit aus eigener Ohnmacht geborener Bewunderung Napoleons. Offiziere, auch Generale mit scharfsinnigem Blick beurteilten Ursachen, Verlauf und Folgen der Schlachten von Jena und Auerstedt sehr präzise. Zu ihnen zählten, wie allgemein bekannt, Clausewitz, Scharnhorst, Gneisenau und Blücher.[3]

Erwähnenswert sind aber auch weniger bekannte Tagebuchaufzeichnungen, bringen sie doch neben ebenbürtigen Schlüssen tiefbewegende Szenen der Schlacht ans Tageslicht.[4]

Carl Friedrich von Blumen schilderte in "Mein erster Feldzug 1806/07" seine Befürchtungen und Erlebnisse als Adjutant im Bataillon Rühle von Lilienstern. Er war im Zuge der Mobilisierung am 30. August 1806 über Ottendorf nach der Kantonierung (militärischer Werbe- und Aushebungsbezirk) Thiemendorf marschiert. "Hier lebten Luck und ich sehr einsam, größtenteils in einer schattigen Laube im Garten und sprachen viel über das, was uns erwarten könnte. Wir beide machten uns keine Illusionen, aber in all der Gräßlichkeit sahen wir die Zukunft nicht, wie sie sich später zeigte, denn so etwas ließ sich kaum träumen."[5]

Und nach der Schlacht von Jena auf der Flucht in Erfurt vernehmen wir: "Unter ganz anderen Verhältnissen befand ich mich jetzt hier als vor vier Jahren, da ich Erfurt in Besitz nehmen half. Damals zu einer geachteten Armee gehörend, fand ich mich jetzt als Flüchtling mit Schmach bedeckt . . .

57
LEMPEREUR
DES FRANCAIS
AU 57me REGIMENT
D'INFANTERIE
DE LIGNE.
ERSTES
Napoleon greift an

Blick in die Gedenkstätte zur Schlacht bei Jena und Auerstedt 1806 nach der Neugestaltung 1979.

Wir büßten allerdings für höhere Sünder, denn die Truppen haben sich im allgemeinen gut geschlagen, wenigstens mutig genug . . . Aber die Sünden der Machthaber müssen ja immer auch von denen getragen werden, welche nur als Instrumente dienen, wir waren schon strategisch vernichtet, ehe noch ein Schuß gefallen, die Schlachten selbst krönten nur das Werk."[6]

Mit großem Interesse nahmen die Zeitgenossen Erklärungen auf, war doch manches erklärungsbedürftig. In dem von Johann Wilhelm von Archenholz herausgegebenen "Journal historischen und politischen Inhalts" namens "Minerva" erschien 1807 ein Beitrag unter dem Titel "Fünf Fragen, deren Beantwortung von wohlunterrichteten, unpartheyischen und wahrheitsliebenden Männern das Publicum wünscht". Hier wurde der Finger auf die (preußische) Wunde gelegt. Man fragte nach dem Verhalten des Fürsten v. Hohenlohe-Ingelfingen, als er dem bedrängten preußischen Prinzen Louis Ferdinand bei Saalfeld nicht zu Hilfe kam. Man fragte, warum die Preußen nach der Niederlage bei Jena und Auerstedt nicht in Magdeburg dem Feind Widerstand leisteten. Man fragte nach General Kalckreuth und seiner Passivität als Chef der Reserve der preußischen Hauptarmee und noch vieles mehr.[7]

Bis in unsere Zeit wirkt das Bild von der verfallenen preußischen Armee von 1806 mit ihrem überalterten Offizierschor, den senilen Generälen, der schlechten Ausrüstung und der überholten Taktik.[8]

Der Infanteriegeneral Freiherr Colmar von der Goltz hatte 1906 (2. Auflage) hinterfragt, ob denn wirklich die Armee am Untergang die Hauptschuld trug und verneinte es. Er schilderte das Heer als gut und schon seit Friedrichs II. letzten Jahren in sachter Reform begriffen. Die Ursachen der Niederlage suchte von der Goltz vielmehr in der zurückhaltenden Politik Preußens, dem "Frieden um jeden Preis, selbst um den der nationalen Ehre", ein Ansatz, der aus den politischen Auffassungen seiner Zeit zu erklären ist. Er überschrieb sein Buch "Von Roßbach bis Jena".[9]

"Jena oder Sedan" überschrieb Franz Adam Beyerlein 1903[10] seinen, damals Furore machenden, militärkritischen Roman. Der Autor plädierte u.a. für eine Versöhnung von Sozialdemokratie und Wilhelminischem Kaiserreich. Das Buch war inmitten der Reichstagsdebatte um Militärfragen erschienen. Der geschäftstüchtige Verleger sandte jedem Abgeordneten einen Vorabdruck ins Haus, was dazu führte, daß die Debatte ganz vom Thema des Romans beherrscht wurde. Es schien, als wäre die bürgerliche Welt zum erstenmal in ihrer "Militärfrommheit" erschüttert.[11]

Auch August Bebel analysierte das historische Ereignis "Jena 1806". In seinen Begrüßungsworten auf dem Jenaer Parteitag der Sozialdemokratischen Partei Deutschlands 1905 richtete er scharfe Angriffe gegen das preußische Junkertum. An die politischen Gegner gewandt, die dem Parteitag ein Fiasko voraussagten, antwortete Bebel: "Wer auf ein Jena hofft, der hofft als ein Narr."[12]

Das Begriffspaar "Jena" und (oder) "Sedan" wurde aber auch zum Symbol der Revanchepolitik bis in die Weltkriege des 20. Jahrhunderts.

Bereits Ernst Moritz Arndt hatte 1813 geäußert: "Nur ein blutiger Franzosenhaß kann die deutsche Kraft vereinigen, die deutsche Herrlichkeit wieder herstellen, alle edelsten Triebe des Volkes hervortreiben und alle niedrigsten versenken; dieser Haß, als Palladium deutscher Freiheit den Kindern und Enkeln überliefert, muß künftig an der Schelde, an dem Vogesus und den Ardennen Germaniens sicherster Grenzhüter sein."[13]

Jena und Auerstedt und der Untergang des alten Preußens wurden gleichfalls als Chance des Neubeginns, als notwendige Voraussetzung für Reformen gesehen, wie sie später in Preußen und den Rheinbundstaaten erfolgten.

Otto von Bismarck hatte in seiner 1892 auf dem Jenaer Marktplatz gehaltenen Rede auch diesen Gedanken aufgegriffen. "Mein Herz kann sich nicht darüber freuen, mein Verstand sagt mir aber, wenn Jena nicht gewesen wäre, wäre vielleicht Sedan auch nicht gewesen . . . Und ich glaube nicht, wenn sie (die friederizianische preußische Monarchie, d. Verf.) bei Jena siegreich gewesen wäre, daß wir in einen gedeihlichen Weg nationaler deutscher Entwicklung geleitet sein würden."[14]

Die unter den Gesellschaftseliten der späten Weimarer Republik einflußreiche Privatkorrespondenz "Deutsche Führerbriefe" verlangte schließlich mit dem Begriffspaar Ende 1932 eine grundsätzliche Reform des Systems. "Sedan" stand dabei für politische Konsequenz, "Jena" hingegen für eine Politik des Lavierens.[15]

Wie auch immer in der Vergangenheit geurteilt worden ist, es bleibt aus heutiger Sicht die Aufgabe bestehen, jenseits von Emotionen und nationalen Vorurteilen dem Thema "Jena 1806 und seine Folgen" nachzugehen.

II.

Das alte Heilige Römische Reich Deutscher Nation hatte sich im ausgehenden 18. Jahrhundert nicht zu einem geschlossenen Nationalstaat entwickelt. Es blieb in seiner territorialen Zergliederung mit den seit Jahrhunderten tradierten Privilegien und Rechtsverhältnissen behaftet.[16] Ob dies nützlich oder verderblich war, bleibt im einzelnen strittig. Jedenfalls schaffte sich etwas Neues in den Territorialstaaten des 18. Jahrhunderts Raum, um mit den politischen Reformen des Absolutismus einen Schritt hin zur modernen Welt zu tun. Insbesondere Preußen und Österreich gewannen an Macht. Aber auch kleineren Gebilden, wie dem für unseren Zusammenhang wichtig werdenden Herzogtum Sachsen - Weimar - Eisenach gelang es unter Nutzung eigener Stärken - Kunst und Bildung - politische Veränderungen vorzunehmen. Die Aufklärung hatte gesamteuropäisch bürgerlicher Emanzipation Vorschub geleistet. Ihre Wirkung reichte bis in die Kolonien nach Übersee. Mit der Amerikanischen Revolution (seit 1776) und der Französischen Revolution (seit 1789) wurde der Umbruch mit aller Konsequenz aufgezeigt.

Die folgenden Jahrzehnte brachten für Europa tiefgreifende territoriale Umgestaltungen mit sich. 1792 begann die Zeit der Revolutionskriege. Im ersten Koalitionskrieg kämpften Preußen und Österreich, unterstützt seit 1793 von England, Spanien, Neapel, der Toskana, Venedig, Sardinien, Portugal und dem Papst, gegen das revolutionäre Frankreich. In dieser Zeit sangen die Franzosen erstmals die Marseillaise. Goethe, der seinen Herzog, Carl August von Weimar im Feldzug begleitete, hatte nach dem Artillerieduell von Valmy am 20. September 1792 tiefbeeindruckt geäußert: "Von hier und heute geht eine neue Epoche der Weltgeschichte aus, und ihr könnt sagen, ihr seid dabeigewesen."[17] Der Herzog von Braunschweig führte die Koalitionstruppen an und befahl auch deren Rückzug am Abend des 20. September, der diesmal durch Unwetter und Seuchen zur Katastrophe wurde. Ob er sich daran im Jahre 1806 noch erinnerte? Frankreich bestand die Prüfung.

1795 hatte dann Preußen einen Separatfrieden mit Frankreich geschlossen, durch die Politik um Polen gezwungen. Neben der Anerkennung der französischen Republik, deren Rheingrenze und einigen Gebietsverschiebungen sollte der Frieden von Basel Preußen die Hegemonie über das neutralisierte Norddeutschland sichern. Die hier begonnene Politik wurde bis 1806 prägend.

1799 folgte der zweite Koalitionskrieg. Nun bedrohten England, Rußland und Österreich Frankreichs Grenzen.

Napoleon hieß der "kleine Korse", der schon im ersten Koalitionskrieg als General entscheidende Siege für Frankreich erfocht. Spätestens seit dem Italienfeldzug 1796/97 konnte man die militärischen Fähigkeiten Bonapartes erkennen.

Auch diesmal, 1802, unterlagen die Verbündeten. Aber langsam begann der Drang Frankreichs, die Revolution expansiv in Europa zu verbreiten. Napoleon ergriff 1799 diktatorisch die Macht, wurde anfangs Erster Konsul, dann Konsul auf Lebenszeit und endlich 1804 Kaiser der Franzosen. Rechtfertigend stellte er später fest: "Ich habe den Abgrund der Anarchie zugeschüttet, ich habe Ordnung in ein Chaos gebracht. Ich habe die Revolution geläutert, habe die Völker veredelt, die Könige auf ihrem Thron gesichert. Ich habe die guten Bestrebungen gefördert, jedes Verdienst belohnt, die Grenzen des Ruhmes erweitert. Das ist doch immerhin etwas!"[18]

Die "Revolution in Reiterstiefeln", wie Bonaparte genannt wurde, verschaffte sich Raum.

Von nun an überstürzten sich die Ereignisse. Österreich war seit 1797 mehrfach zu Friedensschlüssen mit Frankreich gezwungen. Es erkannte, wie Preußen zuvor, 1801 den Rhein als die Ostgrenze Frankreichs an. Für das Reich wurde der sogenannte Reichsdeputationshauptschluß von 1803 entscheidend.

Ausgangspunkt war die "Entschädigung" der betroffenen Fürsten für die Gebietsverluste an Frankreich links des Rheines. Die Reichsdeputation (Ausschuß) faßte den Entschluß, 25 Fürstbistümer (u.a. Köln und Trier) und 44 Reichsabteien zu säkularisieren, d.h. ihre Hoheits- und Eigentumsrechte aufzuheben. Hinzu kam die Mediatisierung zahlreicher kleiner weltlicher Herrschaften und der Reichsstädte, sprich, sie wurden mittleren Territorien politisch einverleibt. Es war vor allem der Fischzug Preußens und der Mittelstaaten Baden, Württemberg und schließlich Bayerns. Alles geschah mit Wohlwollen Rußlands und Frankreichs, letzteres begann zu dominieren. Und es führte zur Vereinfachung der Landkarte.

Der Schritt bis zum Oktober 1806 war nur noch ein kleiner, der politische Zerfall des Heiligen Römischen Reiches Deutscher Nation schon fast vollzogen.

Im April 1805 fanden Rußland und England zueinander, Österreich, Schweden und Neapel folgten. England stand seit März 1803 erneut im Krieg mit Frankreich. Nur Preußen blieb zurück. Es wahrte seine Neutralität, nicht ohne eigennütziges Interesse mit Blick auf Norddeutschland.

Der 3. Koalitionskrieg begann. Und wie das Schicksal spielt, Napoleon triumphierte am 17. Oktober 1805 in Süddeutschland (Ulm) über die sich noch formierenden Österreicher. Und nun, den Schlag gegen England führend, sank unerwartet die Flotte der Franzosen und Spanier am 21. Oktober 1805 vor Trafalgar.

Dafür erlitten wiederum die verbündeten österreichisch - russischen Truppen am 2. Dezember 1805 bei Austerlitz in der sog. Dreikaiserschlacht eine schwere Niederlage. Österreich mußte sich am 26. Dezember 1805 im Preßburger Frieden den territorialen und finanziellen Entschädigungsansprüchen Frankreichs beugen.

Politisch geschickt baute der Kaiser der Franzosen sein Europa zusammen, bei dem die deutschen Länder eine gewichtige Rolle spielten.

Bayern und Württemberg wuchsen zu Königreichen, Hessen-Darmstadt und Baden nur zu Großherzogtümern. Die süddeutschen Staaten schlossen sich im Juli 1806 zum Rheinbund zusammen, nicht ohne Napoleons Willen. Den Abschluß bildete die offizielle Abdankung des Kaisers Franz II. am 6. August 1806. Für ein fast 1000 Jahre altes Reich war der Vorhang gefallen.

III.

Die nunmehr dreizehn Jahre alte Erstausgabe des Steigerschen Buches war eng mit der Neugestaltung des Museums in Cospeda (1979) verbunden. Sie fand großen Anklang und ist seit geraumer Zeit vergriffen. Günter Steiger bot mit dieser Publikation eine wissenschaftlich interessante und lebendig geschriebene Deutung der Ereignisse vom Oktober 1806 an, die nach wie vor eine Bereicherung darstellt.

Für die hier besorgte zweite Auflage wurde der gegenwärtige Forschungsstand ebenso berücksichtigt, wie die Einbeziehung bislang wenig bekannter Quellen und Literatur. Die Bearbeitung erfolgte ohne Änderungen des Orginaltextes. Eine Ausnahme bildet die Einleitung, die neu geschrieben wurde. Texteinschübe sind durch eine andere Schriftart kenntlich gemacht. Die Fußnoten der 1. Auflage bleiben wie bisher dem laufenden Text zugeordnet.

Zur Verdeutlichung der historischen Ereignisse wurde im Anhang eine analysierende, auf zeitgenössischen Aussagen basierende Quellendokumentation erstellt, um dem Leser die Verhältnisse und Auffassungen jener Zeit näher zu bringen.

Zeittafel, weiterführende Literatur und Personenregister sollen für den Interessierten eine hilfreiche Ergänzung darstellen.

Unser Dank gilt der Gemeindeverwaltung Cospeda, welche die 2. Auflage ermöglichte, ebenso wie Marga Steiger und dem Verleger Gerhard Seichter, die an der Überarbeitung beteiligt waren.

Lützeroda/Cospeda im März 1994

Klaus-Peter Lange　　　　Joachim Bauer

Ausstellungsvitrine: Preußische Militaria-Gruppe in der Gedenkstätte 1806 in Cospeda.

KARL WILHELM FERDINAND, HERZOG VON BRAUNSCHWEIG (1735-1806).
Besitz: Stiftung Weimarer Klassik

Der Herzog von Braunschweig und seine Umgebung.

"Der Herzog von Braunschweig hatte mit 72 Jahren zwar noch eine merkwürdige körperliche Rüstigkeit und Frische des Geistes, indes war er mißtrauisch und übermäßig vorsichtig geworden, ihm mangelte die Einfachheit in der Behandlung der Geschäfte, und die Begebenheiten waren ihm dergestalt über den Kopf gewachsen, daß, weit davon entfernt sie zu leiten, er von ihnen beherrscht wurde.

Er hatte das Kommando angenommen, um dem Kriege auszuweichen, ich darf das mit einer solchen Bestimmtheit sagen, weil ich es aus seinem Munde mehr als einmal gehört habe, wenn die ihm zunächst Untergebenen ihm das Kommando erschwerten, oder hinter seinem Rücken Dinge ausführten, mit denen er in keiner Art einverstanden war. Wenn ich denn im Vortrag bei geschlossener Türe die Mittel angab, den Gehorsam zu erzwingen und zu erhalten, so stieg sein Unwille bis zu dem Grade, daß er die Charakteristik dieser nächsten Umgebung in die einfachsten aber bittersten Worte kleidete.

Er nannte dann den Fürsten von Hohenlohe einen schwachen und eitlen Mann, der sich von Massenbach regieren ließ, den General von Rüchel einen Fanfaron, den Feldmarschall Möllendorf einen abgestumpften Greis, den General von Kalckreuth einen listigen Ränkeschneider und die Generale en second ordre, talentlose Routiniers, worauf er dann jederzeit schloß:

Und mit solchen Leuten soll man den Krieg führen, den Krieg gegen Napoleon, nein, der größte Dienst, den ich dem Könige leisten kann, ist, wenn es mir gelingt, ihm den Frieden zu erhalten.

Der Generalquartiermeister-Leutnant von Phull war in die Suite des Königs gebracht worden, weil der Herzog ihn haßte, man hatte ihm Scharnhorst als Generalquartiermeister überwiesen, den er zwar schätzte, mit dem er aber sich über militärische Gegenstände zu beraten eine besondere Scheu hatte.

Lucchesini und Haugwitz waren des Herzogs Hoffnungssterne, weil diese ihn glauben machten, der Krieg könne noch vermieden werden. Noch klingt es in meinen Ohren wie Lucchesini nach seiner Ankunft aus Paris im königlichen Hauptquartier Naumburg auf des Herzogs Frage über Napoleons Absichten ihm erwiderte: Monseigneur - il ne fera jamais l'agresseur jamais jamais. (Euer Gnaden - Er wird niemals der Agressor sein, niemals niemals.)

Eine innere Zufriedenheit überzog bei diesen Worten das Gesicht des Herzogs.

Er machte den beiden Ministern Lucchesini und Haugwitz förmlich die Cour, weil er sie als die Partei des Friedens betrachtete."[19]

Napoleons Angriffsplan bei Jena

"Der Marschall Augereau" so lautete der Befehl, den Napoleon am 14. in aller Frühe ertheilte, "befehligt den linken Flügel; er placirt seine erste Division in Kolonne auf der Straße von Jena nach Weimar (im Mühlthale) bis an die Höhe, wo der General Gazan seine Artillerie auf das Plateau hat bringen lassen. Er schiebt die erforderlichen Kräfte auf das Plateau (Bergebene) zur Linken und hat Tirailleurs an den verschiedenen Aufgängen auf das Plateau auf der ganzen Linie. Sobald die Division Gazan vorgeht, ersteigt das Korps das Plateau und bewegt sich nach den Umständen, um den linken Flügel der Armee einzunehmen. Der Marschall Lannes befehligt das Centrum; er besetzt das Plateau von Jena (den Landgrafenberg), wo es sich gegen die Ebene öffnet. Bei Tagesanbruch nimmt er seine Artillerie in die Intervallen der Schlachtlinie. Die Garde-Artillerie wird auf der Höhe bei Jena aufgestellt und die Garde in fünf Treffen besetzt den hinteren Theil des Plateaus, von dem ersten Treffen, den Chasseurs couronnirt. Das Dorf vor unserem rechten Flügel (Klosnitz) wird von der ganzen Artillerie der Division Suchet beschossen und unmittelbar darauf angegriffen und genommen. Der Kaiser wird hierzu das Zeichen geben; mit Tagesanbruch steht Alles bereit. Der Marschall Ney wird die ganze Nacht marschiren, mit Tagesanbruch am Fuße des Plateaus eintreffen, es ersteigen und sich zur Rechten des Marschall Lannes in dem Augenblick begeben, wo das gedachte Dorf genommen und Raum zur Entwicklung vorhanden sein wird. Der Marschall Soult wird von Jena aus über Zwetzen das Plateau auf dem Wege ersteigen, den er rechts recognoscirt hat (das Rauthal); er vereinigt sich und bleibt fortgesetzt in Verbindung mit der Armee, um deren rechten Flügel zu bilden. Die Aufstellung ist im Allgemeinen in zwei Treffen, abgesehen von der Linie der leichten Infanterie. Die Treffen in Abständen von höchstens 250 Schritt. Die Aufstellung der leichten Kavallerie des Korps wird jedem Führer überlassen, um nach Umständen benutzt zu werden. Die schwere Kavallerie wird nach der Ankunft auf dem Plateau in Reserve hinter der Garde verbleiben, um sich dahin zu begeben, wo es die Umstände erfordern." [20]

»Ich habe einen großen Sieg erfochten . . .«

Darstellung der Vorgeschichte und des Verlaufs der Schlacht bei Jena und Auerstedt

Nach dem Siege Napoleons bei Austerlitz im 3. Koalitionskrieg 1805 über die antifranzösischen Bündnispartner (Österreich, Rußland, England, Schweden, Neapel) beließ der Kaiser den größten Teil seiner Truppen in Süd- und Südwestdeutschland. Sie waren das Machtinstrument, um die Einhaltung der im Vertrag zu Preßburg (26. 12. 1805) der Habsburger Monarchie aufgezwungenen harten Friedensbedingungen zu garantieren sowie den Aufbau, die Gründung und die Stabilisierung französischer Vasallenstaaten auf deutschem Boden, den "Rheinbund" (ab Juli 1806) abzusichern. Das 1805 neutral gebliebene Preußen, dessen (ab 1797 regierender) König Friedrich Wilhelm III. darauf bedacht war, es mit keiner der Mächtegruppen zu verderben, um möglichst große eigene Vorteile aus dem Ergebnis des Krieges zu ziehen, hatte sich unmittelbar nach der Schlacht bei Austerlitz in würdeloser Weise dem französischen Sieger zugewandt. In einem Vertrag vom 15. Dezember 1805, der in Napoleons zeitweiliger Residenz Schloß Schönbrunn bei Wien geschlossen wurde, stimmte der leitende preußische Kabinettminister Graf Christian von Haugwitz allen künftigen Gebietsveränderungen in Deutschland im voraus zu. Preußen trat seine in Franken gelegene Markgrafschaft Ansbach an den französischen Bundesgenossen und künftigen Rheinbundstaat Bayern ab, übergab Kleve mit der wichtigen Festung Wesel sowie das preußische Neuenburg (in der Schweiz) dem französischen Sieger. Als "Ersatz" erhielt der preußische König von seinem - so die offizielle, Vertraulichkeit vortäuschende briefliche Anrede - "Bruder" Napoleon das mit der britischen Krone in Personalunion verbundene Kurfürstentum Hannover zugesprochen, verfeindete sich dadurch zwangsläufig mit England (sowie Schweden) und geriet in hilflose Abhängigkeit von der französischen Staatsführung. Durch die bereits seit 1795 (Friede zu Basel) betriebene egozentrische Politik des Lavierens zwischen den kämpfenden Mächten bei gleichzeitiger Annektion polnischer Gebiete hatte sich Preußen "so verächtlich gemacht, daß es von aller Welt mit Fußtritten bedacht wurde, nicht zuletzt von seinem nunmehrigen Bundesgenossen Napoleon" (Mehring). Als dieser 1806 während französisch-britischer Verhandlungen das soeben erst den Preußen zugesprochene und von diesen besetzte Hannover an Großbritannien zurückzugeben versprach, blieb dem preußischen König, der an sich ein Gegner des Krieges war, nur eine radikale Schwenkung seiner bisherigen Außenpolitik. Innenpolitisch getrieben von einer junkerlich-"patriotischen" Kriegspartei um den Prinzen Louis Ferdinand und die Königin Luise, militärisch lediglich von Kursachsen und dem Kleinstaat Sachsen-Weimar-Eisenach unterstützt, eröffnete Preußen in völliger Verkennung der Situation den Krieg gegen Napoleon, machte außerdem statt der möglichen 200 000 Mann nur 130 000 mobil.

Am 26. September ging ein bis zum 8. Oktober 1806 befristetes Ultimatum aus Berlin nach Paris, das Napoleon u.a. zwei für diesen unannehmbare Forderungen stellte: den sofortigen Abzug aller französischen Truppen aus Süddeutschland sowie Zustimmung Frankreichs zur Bildung eines Norddeutschen Bundes unter Führung Preußens, d. h. eines konservativen Gegengewichtes zum "Rheinbund".

Nachdem bereits Anfang August die preußische Mobilmachung erfolgt war, gab Friedrich Wilhelm III. nach dem Ausbleiben einer französischen Antwort am 9. Oktober die

***NAPOLEON.** Porzellanstatuette der Rauensteiner Manufaktur. Anfang 19. Jahrhundert. Besitz: Museum Leuchtenburg*

Unterschrift Napoleons.

Kriegserklärung bekannt. Den Oberbefehl über die Armeen übernahm der dienstälteste Feldmarschall Preußens, der einundsiebzigjährige Herzog Karl Wilhelm Ferdinand von Braunschweig (geb. 1735), der allerdings, um bei einer von vornherein einkalkulierten eventuellen Niederlage persönlich gedeckt zu sein, in schäbiger Manier das eigene Fürstentum als "neutral" erklärte. Dieser Mann, dem das Schicksal Preußens anvertraut wurde und der einem Napoleon entgegentreten sollte, war außerdem in vieler Beziehung nur dem Namen nach Oberbefehlshaber. Der König ging ebenfalls mit ins Feld und ließ sich von einem eigenen militärischen Stab begleiten, der, wie Clausewitz formulierte, aus höchst "überflüssigen Größen" und "bloßen Figuranten militärischer Festspiele (Paraden)" bestand. Dieser Dualismus zweier miteinander rivalisierender Stäbe, zu dem noch das nicht sehr freundliche Verhältnis des Herzogs zu den beiden wichtigsten ihm unterstellten Heerführern, dem Fürsten Hohenlohe sowie dem Chef der Reserve der Hauptarmee, General Friedrich Adolf Graf von Kalckreuth kam, ließ von Anfang an nichts Gutes erwarten. Der Herzog übernahm einen Oberbefehl, "ohne auf dem Gipfel des Ansehens und der Macht zu stehen. Rücksichten ohne Ende lähmten seinen Entschluß, Uneinigkeiten erschwerten ihn, und Ungehorsam machte, was davon noch übrig blieb, völlig unwirksam". Wahrscheinlich war dem Feldmarschall, der nach militärisch erfolgreichen Jugendjahren in mittleren militärischen Chargen bei seinem "Weg nach oben" immer stärker "das Wesen und Betragen eines vorbildlichen Hofmannes bis zur Karikatur angenommen hatte", die Gewaltenteilung mit den königlichen Nullitäten in gewissem Sinne sogar recht willkommen. Sie nahm ihm die Last vollständiger Verantwortung. Clausewitz, von dem die zitierten Einschätzungen des 1806 wichtigsten Mannes Preußens stammen, hat in einer interessanten, vorsichtig abwägenden Studie das Verhalten des Herzogs zu erklären versucht:

"Er (der Feldmarschall) war geistreich, voll Kenntnisse und Kriegserfahrung, aber von frischem Mut und stolzer Gleichgültigkeit gegen das Unglück war keine Spur in ihm. Er wäre geeignet gewesen, schwierige Verhältnisse glücklich zu umsteuern durch gewandte Klugkeit, wenn es ihm nicht auch an dem Mut gefehlt hätte, das Steuerruder zu ergreifen. Allein zum Befehlshaber eines ganzen Heeres gehört Selbstvertrauen und Machtvollkommenheit; jenes versagte er sich selbst, diese wußte er Anderen nicht zu entreißen . . . Er war viel zu geistreich, um nicht die schwierigen Verhältnisse ganz zu würdigen, die sich überall aus der Zeit entwickelten; er fühlte sich ihnen nicht gewachsen, und anstatt mit einfältigem Dünkel sich Alles zuzutrauen und nur immer von der Schwäche derer zu sprechen, die von den Ereignissen überwältigt wurden, wie die beschränkten und geistesarmen Menschen taten und noch tun - dankte er vielleicht im Stillen dem Himmel, zum Handeln nicht mehr berufen zu sein, als er es war." Der von ihm ausgearbeitete und nach langen Diskussionen am 25. September bestätigte Operationsplan sah die Sammlung der sächsisch-preußischen Truppen im Thüringer Raum vor, den Vorstoß über das Gebirge, um die Franzosen südlich des Thüringer Waldes zu schlagen und zum Main und dann nach Westen vorzudringen. Zur Durchführung dieses Planes wurden drei Armeen gebildet:

die Hauptarmee (58 000 Mann), bei der sich auch der König und die Königin befanden, unter dem Kommando des Herzogs von Braunschweig (Stabschef Oberst von Scharnhorst), eine preußisch-sächsische Armee von ca. 46 500 Mann unter der Führung des ebenfalls bereits in hohem Alter stehenden Fürsten Friedrich Ludwig von Hohenlohe-Ingelfingen (Stabschef Oberst von Massenbach)

sowie die kleinere Armee (22 000 Mann) des Generals Ernst Wilhelm Friedrich von Rüchel. Hinzu kam eine bei der Festung Magdeburg stehende starke Reservearmee, die jedoch an den Ereignissen des 14. Oktober keinen Anteil hatte.

Der preußische Offensivplan, der bereits von Anfang an durch Unsicherheit des Herzogs und des Königs gefährdet sowie durch zögerndes Handeln und schlechte Organisation verschleppt worden war, wurde am 7. Oktober nach erneuten langen Diskussionen zunächst verschoben und schließlich zugunsten einer Defensivtaktik aufgegeben. Es sollte vorerst das Vordringen der Franzosen erkundet und abgewartet werden. An jenem 7. Oktober - zwei Tage vor der offziellen Kriegserklärung - ergab sich ungefähr folgender Stand der preußischen Truppen im Thüringer Raum:

Die Hauptarmee befand sich bei Erfurt, ihre Vorhut (Avantgarde) unter dem Befehl des Herzogs Carl Augst von Sachsen-Weimar bei Tambach. Da man im Hauptquartier nicht sicher war, auf welcher Seite des Thüringer Waldes der Gegner angreifen werde, waren die Truppen Rüchels als Beobachtungskorps und zugleich rechter Flügel bei Eisenach stationiert; den linken Flügel bildete das starke Truppenkontingent des Fürsten Hohenlohe bei Jena, dessen Vorhuten bei Saalfeld (ca. 10 000 Mann unter Prinz Louis Ferdinand) und Saalburg/

Hof (ca. 7 000 Mann unter General von Tauentzien) standen. Hinzu kamen die sächsischen Truppen, ein Kontingent von ca. 20 000 Mann unter dem sächsischen General Hans Gottlob von Zezschwitz, die sich in der Gegend um Roda befanden. Die Lücken dieser breit gefächerten Standorte wurden durch den Einsatz einer speziellen Verbindungsdivision des Generalleutnants von Grawert (Linie Erfurt-Orlamünde-Rudolstadt) geschlossen, einem Truppenteil, der später in der Schlacht bei Jena eine der wichtigsten Einheiten des preußischen Zentrums wurde. - Während die preußisch-sächsischen Truppen vom 8. bis 12. Oktober in dieser weit auseinander gezogenen Stellung von rund 125 km Länge (Luftlinie Eisenach-Erfurt-Jena-Saalfeld) verharrten und nur relativ geringe Verschiebungen stattfanden - z.B. die Verlagerung der Hauptarmee von Erfurt nach Weimar -, erreichten die Spitzen der aus Richtung Bayreuth/Bamberg östlich der Saale zügig nach Norden vorstoßenden französischen Truppen bereits am 12. Oktober die Stadt Naumburg (Luftlinie Bayreuth-Auma-Naumburg ca. 150 km), wo ihnen die preußischen Proviantlager in die Hände fielen.

Napoleon hatte im Sommer und Herbst 1806 die preußischen Rüstungen zunächst wenig ernst genommen. Wichtiger waren ihm Unterhandlungen mit England und vor allem Rußland, da sich Frankreich auch nach der Schlacht bei Austerlitz und dem nur mit Österreich geschlossenen Preßburger Frieden mit beiden Ländern noch immer im Kriegszustand befand. Erst als der russische Zar Alexander I. Ende August einen Friedensvertrag ablehnte, begann Napoleon ernsthafte Kriegsvorbereitungen gegen Preußen zu treffen. Ein militärisches Bündnis zwischen Preußen und Rußland begann sich für ihn deutlich abzuzeichnen. Zügiges Handeln schien notwendig.*) Napoleons Plan war eindeutig und zielstrebig. Er sah die rasche Konzentrierung seiner in Süddeutschland stehenden Truppen - einschließlich deutscher Rheinbundkontingente, wodurch Deutsche gegen Deutsche kämpfen mußten - um Bamberg/Bayreuth vor. Von hier sollte auf den kürzesten Wegen (rechts der Saale) über Halle bzw. Leipzig zur Elbe und nach Berlin vorgestoßen werden. Dadurch wurde nicht nur die Trennung zwischen den verbündeten Preußen und Sachsen, sondern auch ein Keil in Richtung Rußland erreicht, während sich die preußischen Truppen irgendwo vor ihrer Hauptstadt zum Kampfe stellen mußten. Dem Kaiser standen für diesen Feldzug acht militärische Einheiten (Korps) seiner Marschälle zur Verfügung - wobei die Zahlenangaben über die Größe dieser Armeen in der Literatur sehr auseinandergehen -: die des Marschalls Bernadotte (ca. 21 - 25 000 Mann) bei Kronach; Lannes (ca. 21 000) bei Königshofen; Davout (ca. 28 - 30 000) bei Bamberg; Soult (ca. 28 - 32 000) bei Amberg; Ney (ca. 19 000) bei Nürnberg; Augereau (ca. 17 - 19 000) bei Würzburg; dazu die Kavalleriereserve (ca. 17 - 18 000) unter Napoleons Schwager Marschall Murat an verschiedenen Orten, schließlich die berühmte Garde (8 - 9 000): insgesamt ca. 159 - 173 000 Mann einschließlich ca. 28 000 Mann zu Pferd, 10 000 Pioniere, Trainpersonal und Gendarmerie, dazu rund 250 Geschütze (ohne Regimentskanonen). Von diesen französischen Truppen, deren Kampfstärke durch die Eilmärsche des Vorgehens, das Zurücklassen von Besatzungsdetachements usw. verständlicherweise erheblich sank - auch hier schwanken die Angaben stark -, kamen am 14. Oktober in der Schlacht bei Jena rund 45 - 48 000 Mann zum Einsatz (ca. 40 - 45 000 Fußvolk, 5 000 Reiter, 70 Geschütze). Ihnen standen etwa 38 000 Mann preußisch-sächsische Truppen des Korps Hohenlohe sowie deren Reserve unter General Rüchel (bei Weimar) von ca. 12 - 15 000 Mann, insgesamt also ca. 50 - 53 000 Mann gegenüber. Für Auerstedt lagen die Zahlen bei etwa 50 000 Preußen gegen 25 - 28 000 Franzosen. Insgesamt - so der Versuch einer zusammenfassenden Berechnung - sind am 13./14. Oktober 1806 im Territorium zwischen der Ilm im Westen (Weimar) und dem Gebiet rechts und links des Saaletales von Jena bis Naumburg im Osten sowie der Unstrut im Norden rund 153 000 Franzosen mit 250 Geschützen gegen 100 - 103 000 Preußen (und Sachsen) mit 400 Geschützen konzentriert gewesen, von denen jedoch nur ca. 70 - 74 000 Franzosen gegen 94 - 100 000 Preußen und Sachsen in den Hauptschlachten bei Jena und Auerstedt direkt ins Gefecht kamen.

Am 7. Oktober, als im preußischen Hauptquartier zu Erfurt noch zwischen Angriff und Verteidigung geschwankt wurde, besetzten die Franzosen das zu Preußen gehörende Fürstentum Bayreuth. Am nächsten Tag - es war der des Ablaufs des preußischen Ultimatums - begann der Vormarsch.

*) Preußen und Rußland hatten sich bereits am 1. und 24. Juli 1806 in Geheimdeklarationen über einen Krieg gegen Frankreich geeinigt. Im September 1806 war dann, in zunächst allerdings diplomatisch noch lockerer, von gegenseitigem Mißtrauen nicht freier Form die Bildung der sog. 4. Koalition (England, Rußland, Preußen, Schweden) gegen Frankreich erfolgt. Am 16. Oktober 1806 - zwei Tage nach Jena und Auerstedt - kam es zu einer russisch-preußischen Militärkonvention, die 1807 (Vertrag zu Bartenstein) erweitert wurde.

Orlamünder Mördertafel.
Anklagende Schilderung der Schändung und Ermordung einer Frau (und deren Vater) durch einen preußischen Soldaten vom Regiment des Herzogs von Braunschweig, 1806.
Besitz: Museum Leuchtenburg

Preußischer Aufmarsch (rot), 150 000 Mann

1 Sachsen-Weimar

2 Prinz Louis Ferdinand, 10 000 Mann (vernichtende Niederlage und Flucht der Preußen, Tod des Prinzen Louis Ferdinand)

3 General Tauentzien, 7 000 Mann (Niederlage und Rückzug)

4 Reserve unter General Rüchel, 22 000 Mann

5 Nachhut unter General Hohenlohe-Ingelfingen, 35 000 Mann

6 Hauptarmee unter Herzog von Braunschweig, 58 000 Mann

7 Beabsichtigte Rückzugslinie der Preußen

Französischer Vormarsch (blau) 180 000 Mann

A Westliche Marschsäule, IV. und VI. Korps, Bayern; 50 000 Mann

B Zentrale Marschsäule; I. und III. Korps, Kavalleriereserve, Garde

C Östliche Marschsäule, V. und VII. Korps; 41 000 Mann

D Marschall Lannes und Augereau

E Garde

F Marschall Soult und Ney

G Marschall Bernadotte

H Marschall Davout

I Ursprüngliche Vormarschrichtung der Franzosen

Prinz Louis Ferdinand

Sechs Fuß hoch aufgeschossen,
Ein Kriegsgott anzuschaun,
Der Liebling der Genossen,
Der Abgott schöner Fraun,
Blauäugig, blond, verwegen
Und in der jungen Hand
Den alten Preußendegen -
Prinz Louis Ferdinand.

Schon über Tal und Hügel
Stürmt ostwärts der Koloß -
Prinz Louis sitzt am Flügel
Im Rudolstädter Schloß.

Es blitzt der Saal von Kerzen,
Zwölf Lichter um ihn stehn,
Nacht ist's in seinem Herzen,
Und Nacht nur kann er sehn.
Die Töne schwellen, rauschen,
Es klingt wie Lieb und Haß,
Die Damen stehn und lauschen,
Und was er spielt, ist d a s:

"Zu spät zu Kampf und Beten!
Der Feinde Rosseshuf
Wird über Nacht zertreten,
Was ein Jahrhundert schuf;
Ich seh es fallen, enden,
Und wie alles zusammenbricht -
Ich kann den Tod nicht wenden,
Aber l e b e n will ich ihn nicht!"

Und als das Wort verklungen,
Rollt Donner schon der Schlacht,
Er hat sich aufgeschwungen,
Und sein Herze noch einmal lacht,
Vorauf den andern allen
Er stolz zusammenbrach:
Prinz Louis war gefallen,
Und Preußen fiel - ihm nach.

Th. Fontane (Auszug)

Tod des Prinzen Louis Ferdinand von Preußen im Gefecht bei Saalfeld, 10. Oktober 1806. Aquatinta (anonymer Künstler) nach Johann Lorenz Rugendas. Besitz: Museum Leuchtenburg

Er erfolgte östlich des Thüringer Waldes auf den wichtigsten Umgehungsstraßen über Koburg, Kronach und Bayreuth in drei großen Heersäulen, die stets miteinander in solcher Verbindung blieben, daß sie binnen eines Tages vereint werden konnten. Zur linken Kolonne (Straße Koburg-Gräfenthal-Saalfeld) gehörten die Korps der Marschälle Lannes und Augereau; das Zentrum, bei dem sich auch Napoleon befand, griff auf der Straße Kronach-Lobenstein-Schleiz an (Korps der Marschälle Bernadotte, Davout, Murat sowie die Garde unter Marschall Lefèbvre), während der rechte Flügel (Soult, Ney) in Richtung Hof-Plauen vorrückte. Bereits am 8. Oktober kam es zur Feindberührung der Truppen der Avantgarde des Zentrums (Bernadotte) mit dem Korps Tauentzien, das sich, der Übermacht weichend, zurückzog und am 9. Oktober bei Schleiz geschlagen wurde. Einen Tag später erfolgte die Feindberührung der Truppen der linken französischen Kolonne (Lannes) mit der starken Vorhut der Hohenloheschen Armee, der Avantgarde unter Prinz Louis Ferdinand, bei Saalfeld. Es entwickelte sich hier das erste größere Gefecht des Feldzuges, das mit einer völligen Niederlage der Preußen endete. Louis Ferdinand, der sich gleich einem Rittmeister ins Gefecht stürzte, statt die Gesamtleitung zu behalten, fand den Tod: "Dieser Prinz besaß den Mut und die Kühnheit eines Soldaten, aber nicht die Fassung und Geschicklichkeit eines Generals. Sein Tod verdient kein Lob, keine Bewunderung, er verdient Tadel", urteilte Stabschef Oberst Massenbach.[21]

Während sich die ersten Gefechte so erfolgreich für die Franzosen entwickelten und der Vormarsch gut voranging, war Napoleon noch weitgehend im unklaren über die Stellung der von ihm bei Gera vermuteten preußischen Truppen. Erst am 11. Oktober erfuhr er (in Auma), daß sich der Gegner überraschenderweise noch immer links der Saale befand, woraus sich für ihn eine grundsätzlich neue Situation ergab, die er sofort scharfsinnig nutzte. Bereits am 12. Oktober gab er früh zwischen 4 und 5 Uhr zum Erstaunen seiner Marschälle die Befehle zur berühmten Linksschwenkung aller Korps in der allgemeinen Richtung auf Weimar-Erfurt bzw. Apolda. Gleichzeitig forcierte er das weitere Vordringen eines Teiles des Zentrums in der alten Richtung, so daß Davout nach einem bewunderungswürdigen Gewaltmarsch bereits am Nachmittag des 12. Oktober Naumburg erreichte, um von hier nach einer Westschwenkung den Preußen über den Kösener Paß in den Rücken fallen zu können. Mit diesen neuen Marschbefehlen wurde das Zentrum - bisher am weitesten nach Norden vor-

Preußische Grenadiere 1806, Schütze und Flügelgrenadier, (Zeichnung von Knötel).

gestoßen - zum rechten Flügel; der rechte Block (Soult, Ney) einschließlich der Garde zum neuen Zentrum, das sich mit dem weiterhin nach Norden vorstoßenden linken Flügel (Lannes, Augereau) bei Jena traf.

Auf Seiten der preußischen Haupttruppen hatte es, wie erwähnt, in diesen entscheidungsschweren Vortagen eines sich abzeichnenden Zusammenstoßes mit den französischen Armeen nur geringe Aktivitäten gegeben. Während die Hauptarmee in einem schwerfälligen, vierstündigen Marsch lediglich um ca. 20 km von Erfurt nach Weimar verlegt wurde (neue Standorte am Ettersberg sowie am sog. "Webicht", einem Wäldchen ostwärts von Weimar), ging das Zentrum des

Französische Infanteristen.

Korps Hohenlohe zwar zunächst (7. - 9. 10.) bis Kahla vor, wurde jedoch rasch wieder zurückbeordert. Nach einem Zwischenaufenthalt in und um Jena (11. 10.), wo es unter dem Eindruck der Meldung über die Niederlage bei Saalfeld sowie einem Gerücht des Herannahens der Franzosen bereits zu ersten panikartigen Zerfallserscheinungen der Truppenverbände kam, bezogen die vom sinnlosen Hin- und Hermarschieren ermüdeten und mürrischen Einheiten am 11./12. Oktober ein Lager auf dem westlichen Hochplateau über dem Saaletal bei Jena. Es lag bei dem Dörfchen Isserstedt, ca. 8 km von Jena entfernt, zog sich jedoch nach (Nord-)Westen bis Hohlstedt und Kapellendorf, nach Osten bis etwa Vierzehnheiligen und Lützeroda. Welche Zustände herrschten und wie sich diese Truppen im verbündeten Land benahmen, darüber gibt es viele erschütternde Zeugnisse. Ein Beispiel - "Nachricht vom Jahr 1806" - aus der Privatchronik eines Bewohners von Lützeroda, Johann Gottfried Wackernagel (1787-1872), mag die Situation deutlich machen:

"In diesem Jahr brach . . . das Wetter des Trübsals über uns herein, denn da geschah es, daß in hiesiger jegend eine blutige Schlacht geliefert wurde . . . D(en) 11. Oct(ober) Son(a)b(end) da zogen die Preußen und Sachsen ein starkes Lager bei Isserstedt zusammen . . . Da geschah nun in diesen und umliegenden Dörfern großer Schaden an Getreide, Holz, Obst, Herbstfrüchten, nehmlich an Kochspeisen und dergleichen; Sie brachen in Dörfern die Scheuern auf, trugen die Garben und Stroh naus ins Lager; sehr viel Schaafe und Feder Vieh haben sie den Leuten genommen mit gewalt u. geschlachtet ... Den 13. (Oktober) Mont(ag) brach ein Teil aus dem Isserstedter Lager auf und rückten rüber in unser Dorf und Flur. (Es waren die Truppen des Generals Tauentzien). Da ist bei uns auch sehr viel verwüstet und verzehrt worden an Getreide, Holz, Futter, Kochspeisen und dergl(eichen). Unsere Gemeinde ist gänzlich um die Schaafe gekommen, nebst noch vielen Triftschaafen mit; die Schweine haben sie alle genommen und nur wenige Hühner sind übrig geblieben. Da mußten wir nun sehen das unrige mit Gewalt nehmen, - meistenteils waren es Preußische Fisilier (Füsiliere), die dies thaten; Zum theil hatten sie es nötig; Zum theil thaten sie es auch, um dem Feinde nichts zu lassen".

Das Hauptlager der Preußen und Sachsen bei Isserstedt lag längs der sich aus dem engen Mühltal heraufwindenden "Hauptstraße" - in Wirklichkeit ein schlecht befahrbarer Fuhrweg - von Jena nach Weimar. Es hatte diese Straße zu decken und nahm, da man noch immer mit einem Anmarsch französischer Einheiten links der Saale rechnete, eine Front nach Südwesten ein. Fürst Hohenlohe, auf Grund seines Alters bereits ermüdet von den Anstrengungen der letzten Tage, bezog mit seinem Stabe die Wasserburg Kapellendorf, rund 5 bis 6 km von seinem linken Flügel entfernt. Dieser linke Flügel, der sehr bald in Feindberührung kam, damit zur Avantgarde wurde und am 14. Oktober die erste Hauptkampflinie bildete, war dem bei Schleiz geschlagenen, an sich jedoch recht tüchtigen Generalmajor Bogislav Friedrich Emanuel Graf von Tauentzien unterstellt, der durch seine späteren Siege von 1813 bekannt geblieben ist. Die von ihm am 14. Oktober 1806 kommandierten relativ schwachen Truppen von ca. 7 - 8000 Mann befanden sich in einer nicht schlecht gewählten Stellung zwischen den Dörfern Lützeroda und Closewitz. Allerdings war von hier aus ebenso wie vom Hauptlager, ganz zu schweigen von dem in einer Senke gelegenen Kapellendorf, jeder Einblick in das den Franzosen überlassene Saaletal bei Jena unmöglich. Die Bedeutung der Talhänge als Beobachtungs- oder Verteidigungsstellungen wurde von dem preußischen Befehlshaber und seinen Stabsoffizieren nicht erkannt. Sie waren noch ganz auf die alte preußische Lineartaktik orientiert, die eine Bataille auf einem möglichst ebenen und übersichtlichen Gelände erforderte, wie es das Plateau oberhalb der Saale in etwa darstellte: einem Terrain, auf dem die Truppenverbände in geschlossenen Formationen linienmäßig auseinandergezogen aufeinander zumarschieren, exerziermäßig vor- und zurückgehen konnten, Schwenkungen vollführten oder Verteidigungskarrees bildeten.[22]

Napoleons Operationen des 12. Oktober, die am 13. zügig fortgesetzt wurden - Murat und Bernadotte im Vormarsch nach Naumburg/Kösen bzw. Dornburg, um hier den linken Flügel von Davout bzw. den rechten des nach Westen schwenkenden Lannes zu untersützen, Napoleon mit der Garde nach Jena sowie Heranführen der Truppen von Augereau, Soult und Ney an diesen Knotenpunkt - brachten bereits die Vorentscheidung für den kommenden Tag. Bevor noch die feindlichen Hauptarmeen aufeinander gestoßen waren, hatte der Kaiser schon die Initiative errungen und einen meisterhaften Erfolg von weitreichender Konsequenz erzielt. Mit der Besetzung Naumburgs, der man im preußischen Hauptquartier zunächst fassungslos gegenüberstand, waren nicht nur die preußischen Proviantlager in seiner Hand, war der Nachschub der Preußen gestoppt: entscheidend wurde, daß der Gegner umgangen, ja fast schon vom eigenen Hinterland, von der wichtigen Festung Magdeburg und der Hauptstadt Berlin, abgeschnitten war. Ein neues Cannae, eine Einkesselungsschlacht großen Stils, deutete sich an. Daraus ergab sich die Konsequenz, daß die preußischen Truppen, bevor die Schlinge sich zuzog, entweder sofort den Rückmarsch antreten mußten - was bereits einem strategischen Siege Napoleons gleichkam - oder eine Entscheidungsschlacht anzunehmen gezwungen waren. Im Gegensatz zu Scharnhorst, der einen preußischen Angriff auf das rechte Saaleufer bei Jena-Dornburg vorschlug, entschieden sich der König und sein Oberbefehlshaber für den kampflosen Rückmarsch der Hauptarmee. Sie sollte - Naumburg rechts liegen lassend - bei Freyburg und Laucha die Unstrut überschreiten und von da in Richtung Weißenfels weitermarschieren, das Hinterland erreichen, um dem Gegner bei Merseburg/Halle oder im Bereich der Festung Magdeburg eine Abwehrschlacht zu liefern. Diesem Plane folgend, verließ die Hauptarmee seit den Mittagsstunden des 13. Oktober ihre Weimarer Standorte, in die ein Teil der Truppen des von Eisenach herangezogenen Kontingents des Generals Rüchel einrückte (Lager am Webicht). Am Abend bzw. in der Nacht erreichte das Gros der Truppen des Herzogs von Braunschweig bei Eckartsberga und Umgebung die aus der beginnenden Umklammerung herausführenden Straßen Eckartsberga-Laucha bzw. Freyburg sowie die bereits nicht

Marschall PIERRE FRANCOIS CHARLES AUGEREAU (1757-1816). Geb. in Paris als Kind einer Gemüsehändlerin. 1774 Soldat, zunächst in neapolitanischen Diensten; trat 1792 in die französische Revolutionsarmee ein, wo er auf Grund seiner Kühnheit unter Napoleon rasch Karriere machte. 1796 Divisionsgeneral, 1804 Marschall. - Kommandierte am 14. Oktober 1806 den linken Flügel der napoleonischen Armee und siegte über die gegenüberstehenden sächsischen Truppen.

Marschall MICHEL NEY (1769-1815). Geb. zu Saarlouis als Sohn eines Küfers. War zuerst als Schreiber tätig, wurde 1787 französischer Husar; nach der Revolution zum Leutnant befördert; 1792 Brigadegeneral, 1801 Generalinspekteur der französischen Kavallerie, 1804 Marschall. - Kämpfte am 14. Oktober 1806 mit der Avantgarde seines Korps als Unterstützung der Truppen von Lannes am linken Flügel des Zentrums, kommandierte den Frontbereich zwischen Vierzehnheiligen und Isserstedt (Verbindungslinie von Lannes zum linken Flügel unter Augereau).

mehr kampflos zu erzwingende Rückzugslinie Richtung Kösen. Hier nahmen die erschöpften, schlecht verpflegten und deshalb ähnlich wie bei Isserstedt oder Lützeroda zum Plündern übergehenden Truppen Quartier. Das königliche Hauptquartier befand sich in Auerstedt, einem Dorfe südlich der Straße Eckartsberga-Kösen.

Mit diesem Rückmarsch nach Auerstedt und zur Unstrut änderte sich die taktische Situation der Preußen. Die bisherige Avantgarde unter dem Herzog Carl August war zur Nachhut und Reserve der Hauptarmee geworden. Sie kam in ruhigem Marsche an jenem 13. Oktober jedoch nur bis Ilmenau im Thüringer Wald und fiel damit für den nächsten Tag völlig aus, so daß als echte Reserve nur die Verbände von ca. 12 - 15 000 Mann des Generals Rüchel vorhanden waren, die jedoch sowohl der Hauptarmee als auch dem Korps Hohenlohe als Stützen zu dienen hatten. Hohenlohe verblieb in seinen erwähnten Stellungen bei Kapellendorf-Isserstedt und an "der Schnecke"*) bzw. bei Lützeroda und Closewitz. Die letzten Nachhuten dieser Armee verließen Jena am Morgen des 13. Oktober - die ängstliche Bevölkerung sowie die Universität des Weimarer Bundesgenossen einem ungewissen Schicksal überlassend. Fürst Hohenlohe erhielt den Auftrag, den Rückzug der Armee des Herzogs von Braunschweig am 14. Oktober "zu verschleiern" und zu decken. Die Befehle des königlichen Hauptquartiers verlangten vom Fürsten, eigene Angriffe zu unterlassen, ließen jedoch die schwerwiegende Frage offen, was geschehen solle, wenn die Deckung der Hauptarmee nur durch die Annahme einer Schlacht möglich sein würde. Die bisher nur schwach bzw. überhaupt nicht besetzten Saaleübergänge bei Dornburg und Camburg sollten verteidigt werden - Maßnahmen, die viel zu spät kamen und von Hohenlohe auch nicht mehr ausgeführt wurden.

Während Napoleon am 13. Oktober seine bisher getrennt marschierten Kolonnen systematisch zusammenzog, um vereint zu schlagen, wurde preußischerseits im Angesicht des drohenden Feindes das genaue Gegenteil exerziert: die durch den Rückzug des Korps Hohenlohe am 12. Oktober erreichte relative Nähe der beiden Hauptarmeen wieder gelöst, beide Truppenkontingente auf mehr als einen Tagesmarsch (20 - 35 km) auseinandergezogen. So entwickelten sich am 14. Oktober zwei räumlich getrennte Schlachten, die jedoch militärisch in engem Bezug zueinander standen. Zu Recht darf deshalb von der Schlacht (bzw. der Doppelschlacht) bei Jena und Auerstedt gesprochen werden. Das Paradoxe war, daß sich beide Gegner dieses Zusammenhanges zunächst nicht bewußt wurden. Die Schlachtdispositionen sowohl von Napoleon als auch - soweit davon überhaupt die Rede sein konnte - der beiden preußischen Heerführer beruhten am Beginn der Gefechte auf irrigen Voraussetzungen sowie, hervorgerufen durch eine schlechte Aufklärungstätigkeit und den bis etwa 9 Uhr die Felder um Isserstedt und bei Auerstedt dicht bedekkenden Oktobernebel, Fehleinschätzungen der Stärke der gegnerischen Truppen. Davout ahnte bei seinem Übergang

*) "Schnecke": Bezeichnung der westlichen Hochfläche ("Schneckenberg") oberhalb der damaligen Straße von Jena nach Weimar, wo diese (im Gegensatz zu heute) in großen Windungen zwischen dem Mühltal und dem Schwabhäuser Grund zum Hochplateau emporführte. Hier "auf der Schnecke" waren 1806 vor allem die sächsischen Truppen postiert.

über die Saale auf der Straße von Kösen nach Eckartsberga nicht, daß er in Kürze bei Hassenhausen und Auerstedt auf die preußische Hauptarmee stoßen würde, andererseits rechneten die preußischen Vortruppen - Division des Generals Friedrich Wilhelm Karl von Schmettau*)[23], Kavallerie unter General von Blücher - bei ihren ersten Angriffen an dieser Stelle mit keiner sich daraus entwickelnden größeren Schlacht. Napoleon glaubte bei Isserstedt/Vierzehnheiligen nicht ein Nebenkorps, sondern die kampfbereite, gesamte preußische Hauptarmee vor sich zu haben. Hohenlohe dagegen tafelte am Abend des 13. Oktober heiter und in gelöster Stimmung mit seinem Stabe und einem durch Zufall gefangengenommenen höheren französischen Diplomaten in Kapellendorf, rechnete noch am Morgen des 14. Oktober mit keiner Schlacht und beließ seine Haupttruppen im Lager bei Isserstedt in der falschen Frontstellung nach Südwesten statt nach Osten.[24]

Waren in den Tagen bis zum 12./13. Oktober bereits die grundsätzlichen Vorentscheidungen zugunsten Napoleons gefallen, standen auch der Vorabend der Schlacht sowie die Nacht zum 14. Oktober im Zeichen der Initiativen des Kaisers und seiner Truppen. Während Hohenlohe gegen Mitternacht unbeschwert zu Bett ging und im nichts ahnenden Lager bei Isserstedt im wahrsten Sinne des Wortes eine unbeabsichtigte "Ruhe vor dem Sturm" zu finden war, die Truppen der königlichen Hauptarmee müde in Richtung Auerstedt trotteten und dort in ihren leichten Uniformen bei empfindlicher Kühle meist ohne Mäntel oder Decken die Nacht auf den Feldern verbrachten, herrschte bei den Franzosen fieberhafte Tätigkeit. Ordonanzen eilten durch die Nacht, die Soldaten waren über die bevorstehende Schlacht orientiert, Napoleon und seine Marschälle gönnten sich nur wenige Stunden Schlaf. Bereits gegen 3 Uhr früh erhielt Davout, der in Erwartung der kaiserlichen Befehle seine Divisionskommandeure und wichtigsten Unterführer bei sich behalten hatte, in Naumburg die Anweisung zum Vormarsch über Kösen nach Apolda. Er setzte daraufhin sofort seine Truppen in Marsch. Auch die Einheiten von Bernadotte und die Reiterei Murats, die zu der am weitesten nach Norden vorgestoßenen französischen Heeresgruppe gehörten, begannen in Richtung Westen (Apolda bzw. Dornburg) aufzubrechen bzw. weiter vorzugehen. Zwischen 6 und 7 Uhr entwickelten sich im neblig düsteren Oktobermorgen sowohl bei Auerstedt (Poppel, Taugwitz, Hassenhausen) als auch bei Jena (Lützeroda, Closewitz) die ersten Feuergefechte der aufeinandertreffenden Gegner, wurde das große Sterben dieses Tages eingeleitet.

Dem Beginn der Schlacht bei Jena, die Napoleon am 14. Oktober persönlich leitete, war eine wichtige taktische Maßnahme vorausgegangen, die in sich bereits den Schlüssel zum Erfolg der Franzosen im Bereich dieses Territoriums barg.

*) Er wurde bei Auerstedt schwer verwundet, starb bald darauf in Weimar, wo sich auf dem Jakobsfriedhof sein recht eindrucksvolles Grabmonument erhalten hat.

Neuerrichtung des "Napoleonsteines" an der Stelle, wo Bonaparte am 13. Oktober 1806 die preußischen Truppen rekogniszierte.

Errichtet vom asJ e.V. in Verbindung mit der Gemeindeverwaltung Cospeda und dem Jena 1806 e.V.

Wie erwähnt, hatten die Preußen im Laufe des 12. sowie am Morgen des 13. Oktober Jena und das Saaletal verlassen und sich auf das westlich der Stadt gelegene, von steilen Abhängen begrenzte Hochplateau zurückgezogen. Als Lannes am 13.Oktober in Jena eintraf, war er unsicher, wo er den zurückgewichenen Gegner zu suchen habe. Die von ihm nach dem östlichen Teil jenes Plateaus, dem sog. "Landgrafenberg", ausgesandten Patrouillen kamen hier in Feindberührung. Um Klarheit zu gewinnen, bestieg Lannes daraufhin in den Mittagsstunden persönlich mit einem Bataillon über den sog. "Apoldaer Steiger"*), einem schluchtartigen Hohlweg, die Hochebene, worauf es zu einem heftigen Zusammenstoß mit den Truppen von Tauentzien kam. Dieses Gefecht sah die Preußen als Sieger. Lannes mußte sich bei der zahlenmäßigen Unterlegenheit seiner Truppen auf Rekognoszieren und Verteidigen beschränken. In dieser Situation machten die Preußen zwei schwerwiegende und später oft gerügte Fehler. Sie unternahmen keinen Gegenangriff, um die kleine Einheit der Franzosen vom Plateau wieder herabzudrücken und damit die Talränder als Beobachtungsstellen in das Saaletal zu gewinnen. Die Möglichkeit der völligen Vertreibung der so keck vorgestoßenen Truppe des Marschalls Lannes vom "Landgrafen" war vorhanden, denn auf Grund des Gewehrfeuers hatte sich Fürst Hohenlohe persönlich mit starken Kräften der Reserveinfantrie sowie mehreren preußischen und sächsischen Kavallerieregimentern**) zu Tauentziens Frontlinie bei Lützeroda/Closewitz begeben. Daß der preußische Angriff unterblieb, hatte mehrere Gründe: zunächst die bereits erwähnte, in der preußischen Kriegstaktik begründete Unterschätzung der Saalehänge als Beobachtungsstellen, die Auffassung Hohenlohes, daß es zu keiner Schlacht bei Jena kommen würde und die Haupttruppen der Franzosen bereits weiter im Norden, rechts der Saale, stünden bzw. - wenn überhaupt - links der Saale von Magdala her zu erwarten seien, schließlich vor allem in der eindeutigen Anweisung des Oberbefehlshabers, des Herzogs von Braunschweig, "daß der Fürst (Hohenlohe) den Feind durchaus nicht angreifen und auf das Strengste zur Verantwortung gezogen werden solle, wenn er diesen Befehl überschritte" (Massenbach). Die von Hohenlohe herangeführten Truppen wurden jedoch - und das war der zweite Fehler - weder in die alten Reservestellungen bei Isserstedt zurückgeführt noch als Verstärkung bei Tauentzien belassen. Nach einer nur flüchtig vorgenommenen Aufklärung bis Dornburg, wo man keine Franzosen fand, sind sie auch nicht zur Verteidigung des dortigen Saaleüberganges stationiert worden; sie erhielten stattdessen die nördlich von Closewitz auf der Hochfläche etwa je 10 km von Dornburg bzw. Kapellendorf entfernt gelegenen Dörfer Lehesten, Rödigen, Nerkewitz u. a. als Quartiere zugeteilt. Damit wurde nicht nur eine nutzlose Zersplitterung der Hohenloheschen Truppen vorgenommen: diese dem Befehl des Generals von Holtzendorff unterstellten bisherigen Reserveeinheiten erhielten praktisch den Status eines eigenen, weit vom Oberbefehlshaber entfernt stationierten Korps, das am nächsten Tage dem preußischen Zentrum nicht mehr zur Verfügung stand.[25]

Etwa zur gleichen Zeit, als Hohenlohe mit seinem Stabe von den Holtzendorffschen Truppen wieder zurück nach Kapellendorf ritt, traf Napoleon gegen 17 Uhr persönlich bei seinen Vorposten auf dem Landgrafenplateau ein, begeistert vom freudigen "Vive l'empereur" der Truppen begrüßt. Er hatte nach einem Gewaltritt von Gera über Köstritz und Klosterlausnitz gegen 16 Uhr Jena erreicht, wo seine Ankunft bereits im Jenaer Schloß vorbereitet worden war, hielt sich hier jedoch nur kurz auf, um sofort über den "Apoldaer Steiger" zu seinen Truppen auf die Höhe des "Landgrafenberges" zu reiten.

Dieser "Landgrafenberg", auf dem die Vortruppen des Lanneschen Korps standen, ist ein Plateau, dessen südöstlichster, nach dem Saaletal und Jena gerichteter Vorsprung etwa 120 m über der Stadt liegt.*) Seine steil abfallenden Hänge wurden 1806 z. T. als Weingärten genutzt. Das in mehreren Terrassen aufsteigende Landgrafenplateau wird im Osten durch das Rautal und im Westen durch das Zieskauer Tal von der gesamten, sich weit nach Nordwesten und Norden

*) Damaliger kürzester Verbindungsweg von Jena nach Apolda; vom Jenaer "Erfurter Tor" ansteigend bis zur Hochebene in etwa noch identisch mit der heutigen Straße, dem "Steiger", und der anschließenden Wegeführung zwischen "Landgrafen" und "Sonnenbergen".

**) Darunter das sächsische Chevauxlegersregiment Prinz Clemens, zu dem der Premierleutnant Wilhelm von Bissing gehörte, der am nächsten Tage bei Rödigen gefallen ist. An seiner Sterbestelle befindet sich das künstlerisch bedeutendste und menschlich ergreifendste Denkmal jener Schlacht von 1806.
Vgl. die Abbildung auf S. 64

*) Jenaer Stadtkirche ca. 150 m über NN. Landgrafenspitze (Landgrafengaststätte) ca. 277 m über NN.

Transport französischer Geschütze am 13./14. Oktober 1806 über den "Apoldaischen Steiger" aus dem Mühltal zum Hochplateau des Windknollen-Bereiches. Radierung von Jakob Roux, Jena 1809. Besitz: Museum Leuchtenburg

bis zum Ilmtal bei Weimar ausdehnenden, leicht welligen Ebene abgeschnürt. An dieser schmalen, etwa 1,5 km messenden Stelle zwischen dem Beginn beider Einschnitte liegen im Westen oberhalb des Zieskauer Tales das Dörfchen Lützeroda, im Osten am Anfang des Rautales Closewitz. Hier sperrten die ca. 7 000 Mann der preußischen Vortruppen unter Tauentzien - die nach der Hohenloheschen Konzeption den das Hauptlager deckenden linken Flügel darstellten - den Zugang in Richtung Norden und Nordwesten. Die höchste Erhebung des Landgrafenplateaus, etwa 1,5 km südlich der Linie Lützeroda-Closewitz gelegen, ist der sog. "Windknollen" (ca. 360 m über NN), bei dem sich die Lannesschen Truppen befanden. Von dieser Höhe, rund 20 m das westliche Plateau überragend, hatte Napoleon einen ausgezeichneten Fernblick. Deutlich erkannte er die Stellung von Tauentzien und, weiter zurück gegen Westen, die Zeltreihen der preußischen Lager: der Reservedivision am sog. "Dornberg", der Haupttruppen hinter Isserstedt und wahrscheinlich auch die westlich des Mühltales "auf der Schnecke" stationierten sächsischen Einheiten. Die hereinbrechende Dunkelheit mit der Fülle aufflammender Lagerfeuer müssen den Kaiser in seiner Auffassung bestärkt haben, die gesamte preußische Armee vor sich zu sehen. Damit erfaßte Napoleon aber auch die gefährliche Situation seiner schwachen Verbände am "Windknollen".

Reserven und Verstärkungen mußten schnellstens im Laufe der Nacht herangeführt werden. Um den Erfolg eines Angriffes zu gewährleisten war zunächst das "Nadelöhr" zwischen Lützeroda und Closewitz zu durchstoßen, um den dahinter liegenden Raum bei den Dörfern Krippendorf und Vierzehnheiligen zur Entfaltung seiner Truppen zu gewinnen und an die preußische Hauptmacht heranzukommen, die zweifellos bis zum späten Vormittag des nächsten Tages die zahlenmäßige Überlegenheit besaß und sie nutzen konnte. Ein vorsichtiger Feldherr der alten Schule hätte angesichts dieser Lage mit einem Angriff gewartet, bis - dies war ein Grundprinzip der bisherigen Kriegsregeln - genügend eigene, dem Feinde überlegene Truppen beisammen waren. Nicht so Napoleon, der auf den Kampfeswillen seiner Truppen, die Einsatzbereitschaft seiner Marschälle vertrauen durfte und längst allen Repekt vor diesen preußischen Gegnern verloren hatte. Er ließ im Dunkel der Nacht so schnell und so still wie möglich alle zur Verfügung stehenden Truppen heran- und heraufholen. Mit diesen Soldaten sollte am Morgen der Gegner angegriffen und so lange "festgehalten" werden, bis mit den am Vormittage zu erwartenden Einheiten der Marschälle Soult, Ney und Augereau die Entscheidung würde erzwungen werden können.

Dieser Entschluß des Kaisers, angesichts des versammelten Gegners seine zunächst noch schwachen Truppen auf dem Hochplateau zu lagern, mit ihnen im Morgengrauen den Angriff zu wagen, die Reserven aus der ungünstigen Tallage auf schwer begeh- und befahrbaren Wegen nachzuziehen und den Sieg durch das Zusammentreffen und Zusammenwirken der aus verschiedenen Richtungen, erst auf dem Schlachtfeld sich vereinigenden Korps zu erreichen, war eine Glanzleistung napoleonischer Feldherrnkunst: "Es ist der große Wurf einer überlegenen Persönlichkeit, die im Vertrauen auf ihren Stern und nicht zum mindesten auf die bisher zutage getretene Unterlegenheit des Gegners ein Wagnis unternimmt, welches in der Kriegsgeschichte und in seiner Art einzig dasteht" (F. v. Taysen).

Noch am Abend des 13. Oktober und in der Dunkelheit der Nacht ging das gesamte Korps des Marschalls Lannes auf der Höhe um den "Windknollen" in Stellung - rechts die Division Suchet mit Front gegen Closewitz, links die Division Gazan, zwei kampferprobte französische Einheiten. Außer dem "Apoldaer Steiger" hatten sie auch die beiden aus der Tiefe des Mühltales heraufführenden Seitentäler, den "Cospedaer Grund" (ab der heutigen Gaststätte "Papiermühle") und das "Rosental" zum Aufstieg benutzt. Diesen Divisionen folgte die Garde, welche hinter dem "Windknollen" auf einer Fläche südlich neben dem später so genannten "Napoleonstein" (361,4 m über NN) Biwak bezog. In der gleichen Nacht trafen aber auch - von Napoleon zur Eile gemahnt - drunten im Saaletal starke Infanterie- und Kavallerieverbände des Marschalls Soult ein, die in Wenigenjena, dem heutigen Jena-Ost, rechts der Saale Quartier nahmen, ferner zwei Divisionen des Marschalls Augereau, die zwischen dem Galgenberg (heute

Napoleon am Vorabend der Schlacht. Kolorierte Lithographie, anonym. Besitz: Museum Leuchtenburg

Friderizianisch-preußische Lineartaktik. Zinnfigurendiorama von Bernd Graf in der Gedenkstätte 1806 in Cospeda.

Französische Tirailleurtaktik. Zinnfigurendiorama von Erwin Ortmann in der Gedenkstätte 1806 in Cospeda.

"Friedensberg") und der "Ölmühle" unmittelbar am Eingang des Mühltales stationiert wurden. Auch die Vorhut des Marschalls Ney, dieses "Tapfersten der Tapferen"[26], stand bei der "Rasenmühle" und dem sog. "Paradies" unmittelbar südlich vor Jena, so daß der Kaiser mit dem Eintreffen dieser Verbände ebenfalls für den nächsten Tag auf dem von ihm gewählten Gelände der Schlacht rechnen durfte.

Vom Quartier am "Windknollen" ließ Napoleon in dieser Nacht auch seine Befehle an die Marschälle übermitteln, darunter speziell den erwähnten folgenschweren Bescheid an Davout, über Kösen nach Westen vorzustoßen, der - ohne daß der Kaiser dies ahnte - zur Schlacht bei Auerstedt führen sollte.[27]

Beim nächtlichen Aufstieg der Truppen von Lannes zur Hochfläche ereignete sich eine kleine, bezeichnende Episode, die oft erzählt und ausgeschmückt worden ist. Um die Schlacht auf der Höhe zu schlagen, mußten die rund 40 Geschütze, über die Napoleon zu dieser Zeit verfügte, heraufgebracht werden, ein Teil davon durch den Hohlweg des "Apoldaer Steiger". Als sich hierbei eine Kolonne verfuhr und in einem Seitenweg zwischen Felsen stecken blieb, so daß der gesamte Aufwärtsmarsch blockiert wurde, mußte der Hohlweg bei Fackellicht durch Pioniere verbreitert werden. Wo dies nicht ging, schildert ein zeitgenössischer Bericht die Situation, "da band man Stricke an dieselben (d. h. die Achsen der Kanonen) und zog sie in die Höhe, damit sie über die gefährlichen Stellen hinweggehoben wurden. Und von hinten unterstützte man das Manöver dadurch, daß man in die Räder griff und hob und schob. Wo der Weg steiler wurde, protzte man die Kanonen ab und erleichterte dadurch das Fortbringen" (J.T.L. Danz, 1809). Napoleon, der es abgelehnt hatte, im Jenaer Schloß zu übernachten, sondern inmitten seiner Truppen wie diese am "Windknollen" (dem "Napoleonstein") unter primitiven Verhältnissen lagerte, eilte zur Stelle der Stockung. Hier leitete er persönlich, eine Fackel in der Hand und die Soldaten durch Scherze ermunternd, die Transportarbeiten. Das in den Augen der Preußen unmöglich Scheinende - Kanonen auf diesen "unpraktikablen" Hohlwegen nach oben zu bringen - wurde geschafft. Bei solchen Szenen inmitten seiner Truppen zeigte sich der Kaiser noch immer oder wieder als "Sohn der Revolution", war er "der kleine Korporal", wie ihn die Soldaten liebevoll nannten, der Nöte und Sorgen mit ihnen teilte. Er schien ihnen "ihr Vater, der sie für alle Anstrengungen und Wunden entschädigen würde; er war der Anfang und das Ende, der vergangene und der kommende Tag, sie beteten ihn so andächtig an, wie sie, wären sie gläubig gewesen, nie zu ihrem Gott gebetet hätten . . ." (K. Hermann).

Marschall JEAN LANNES (1769-1809). Geb. zu Lectoure (Departement Gers/Südfrankreich) als Sohn eines Färbers. War selbst Färberlehrling, trat 1792 als Soldat in die französische Revolutionsarmee ein; 1796 auf Grund seiner Tapferkeit zum Oberst befördert; gehörte zu Napoleons engsten militärischen Kampfgefährten im Ägyptenfeldzug (1798/99); 1800 Kommandant der französischen Konsulgarde, 1804 zum Marschall befördert. - 1806 Befehlshaber des größten französischen Korps, Sieger im Gefecht bei Saalfeld über die preußisch-sächsischen Truppen unter Louis Ferdinand (10. Oktober), kommandierte am 14. Oktober das französische Zentrum und siegte bei Closewitz/Lützeroda sowie im Entscheidungskampf bei Vierzehnheiligen.

"Den 14. Oct(o)ber früh ehe es recht Tag war", so schildert die Wackernagelsche bäuerliche Chronik in ihrer schlichten Art den Beginn der Schlacht, "da brach das Französische Lager auf und kamen herangezogen wie Heuschrecken auf die Preußen und Sachsen los und zwangen sie gleich zum Retterieren (Zurückgehen); Es ward dabei ein Donnern und Krachen, daß einem Hören und Sehen verging und dieses dauerte beinahe den ganzen Tag ohne aufhören. Es war diesen

Marschall NICOLAS-JEAN SOULT (1769-1851). Geb. zu Saint-Amansla-Bastide (Departement Tarn/Südfrankreich) als Sohn eines Landmannes. 1785 Soldat, stieg er in den Revolutionsjahren vom Unteroffizier zum Hauptmann (1793), Brigadegeneral (1794) und Marschall (1804) auf. Kommandierte am 14. Oktober 1806 den rechten Flügel der französischen Truppen; Sieger des Gefechts bei Rödigen/Lehesten sowie (als Unterstützung von Lannes) bei Vierzehnheiligen; verfolgte (gemeinsam mit den Truppen von Ney) die von Davout geschlagene preußische Hauptarmee bis Magdeburg (20.10.) und war maßgeblich am Sieg über die letzten kampffähigen preußischen Truppen unter Blücher (Lübeck, Anfang November 1806) beteiligt.

Tag auch zugleich mit Bataljje bei Auerstädt, so eine schreckliche Gegend hatten diese Armeen bezogen ... Sehr viele sind geblessiert (verwundet) worden, da hat man sie bei Tausenden zählen können ...".

Napoleon gab gegen 6 Uhr, rund 20 Minuten vor Sonnenaufgang, persönlich am "Windknollen" den Befehl zum Angriff. Es war etwa zur gleichen Zeit, als sich bei Auerstedt und Hassenhausen auf beiden Seiten die Truppen in Marsch setzten, während Fürst Hohenlohe, noch immer nichtsahnend, drüben in Kapellendorf die Morgentoilette beendete und seine beiden Generale Tauentzien und Holtzendorff, die in Kürze die erste Wucht des französischen Vorgehens erleben sollten, ohne Befehle ließ.

Der Kaiser war sich der Bedeutung der Stunde bewußt. Den Angriffswillen seiner Truppen psychologisch geschickt nutzend und steigernd, erinnerte er in einer kurzen Ansprache an die Kapitulation der Österreicher vor einem Jahre bei Ulm und forderte die Männer auf, den Preußen heute ein gleiches Schicksal zu bereiten: "Soldaten! Die preußische Armee ist abgeschnitten wie die des (österreichischen) Generals Mack zu Ulm . . . Diese Armee kämpft nur noch, um sich durchzuschlagen und ihre Verbindungen wieder zu gewinnen. Das Korps, das sich durchbrechen läßt, entehrt sich. Fürchtet diese berühmte (preußische) Kavallerie nicht, setzet ihr geschlossene Karrees und das Bajonett entgegen." Deutlich zeigte sich in diesen Worten die Auffassung des Kaisers, Preußens Hauptarmee vor sich zu haben, zugleich sein Vertrauen zu Davout, der den Gegner von hinten packen würde. Der dichte Nebel, "so stark, daß man nicht zehn Schritte vor sich sehen konnte", ließ es zunächst nur zu einem stehenden Feuergefecht zwischen den auf Lützeroda-Closewitz vorgerückten Franzosen und den Truppen von Tauentzien kommen. Ab etwa 8 Uhr, als sich der Nebel langsam zu lichten begann und die Konturen der sich gegenüberstehenden Truppen erkennbar wurden, mußten die Preußen allmählich der französischen Übermacht, den ca. 20000 Mann der Truppen von Lannes, weichen. Das "Nadelöhr" zwischen Lützeroda und Closewitz wurde aufgegeben, beide Dörfer kamen in den Besitz der Franzosen.

Zuvor ereignete sich eine Episode in Verbindung mit Marschall Ney, die sein persönlicher Adjutant Henri-Antoine Jomini aufgezeichnet hat. "Wütend, daß er in zweiter Linie stehen sollte, hatte Ney seine Truppen General Marchand anvertraut und war mit drei- oder viertausend Mann vormarschiert, um am Feste teilzunehmen."[28]

Immerhin erfolgte der preußische Rückzug auf Vierzehnheiligen und Klein-Romstedt noch verhältnismäßig geordnet. Eine Verfolgung fand nicht statt, weil die Schlacht sich erweitert hatte und in eine 2. Phase eingetreten war: in ein Gefecht der Truppen des Generals Holtzendorff bei Rödigen und Lehesten gegen überraschend aus dem Rautal bzw. über den "Jägerberg" ostwärts von Closewitz heraufgekommene französische Verbände. Ein weiterer Vorstoß von Lannes unterblieb, da der Marschall in richtiger Erkenntnis der Situation zunächst - einem eventuellen Angriff der Preußen auf seinen rechten Flügel bzw. in den Rücken seiner Truppen vorbeugend - das Ergebnis dieser bis etwa 10 Uhr andauern-

Episode aus der Schlacht bei Jena: Napoleon, begleitet von seinem Schwager Marschall Murat (vorn links) und dem Stabschef Marschall Louis-Alexandre Berthier, bei der in Reserve stehenden Garde.

Die Soldaten sind unzufrieden, daß sie nicht zum Einsatz kommen. Kolorierte Lithographie nach einem Gemälde von Antoine Charles Horace Vernet
Besitz: Museum Leuchtenburg

den Kämpfe an der Ostflanke abwarten mußte.

Diese durch das Rautal aufgestiegenen Truppen in einer Stärke von ca. 8 000 Mann gehörten zum Korps des Marschalls Soult, das, wie erwähnt, die Nacht als Einsatzreserve in Wenigenjena verbracht hatte. Es wurde von dem Wenigenjenaer Pfarrer Karl Wilhelm Ernst Putsche aus dem Saaletal auf die Höhe bei Closewitz geführt. Putsche, der in sich nicht den Heldenmut eines sachsen-weimarischen bzw. preußischen Märtyrers fühlte und zwei Jahre später von den Franzosen 8 000 Francs erhielt, ist zu dieser Rolle eines "Verräters" wahrscheinlich gezwungen worden.[29]

Zumindest hat er es später in einem glaubwürdig klingenden Rechtfertigungsbericht, in dem die menschliche Brutalität dieser Stunden anklingt, so dargestellt: "Vergebens", so heißt es im Bericht, "schützte ich (auf die Aufforderung zur Führung) vor, daß ich eine kranke Frau und zwei hilflose Kinder hätte, die ich unmöglich in ihrer Not verlassen könnte . . ., daß ich seit zwei Tagen keine Nahrung zu mir genommen hätte, folglich schwach wäre und durch erlittene Mißhandlungen ganz hinfällig sei; daß ich schlecht beschuhet wäre und nicht einmal eine Bedeckung des Kopfes hätte. Alle diese Vorstellungen fanden kein Gehör . . . Gemeine Soldaten ergriffen mich bei den Armen, einige legten das Gewehr auf mich an. Schrecken und Angst preßten mir sogleich die Erklärung ab, daß ich unter diesen Umständen den Marschall (Soult und dessen Truppen) führen wolle. Es ging . . . vorwärts durch die Stadt nach Löbstedt zu, und bei der sogenannten Schwester wurde der Feldweg nach dem Rautal eingeschlagen. Die Generalität war beständig um mich. General Soult reichte mir mehrmals die Hand und sagte: "Fürchten Sie nichts, sein Sie ruhig. Ich halte meine Versprechungen (einer Belohnung) gewiß!" Beim Anfange des Rautales schied endlich die Generalität von mir, und ich wurde einem Kapitän übergeben, der ein wachsames Auge auf mich haben sollte. Ein Versuch zu entwischen wäre vergebens gewesen; denn das bloße Gewehr des Offiziers und seine beständigen Drohungen, auch die nunmehr ununterbrochen fallenden Schüsse schreckten mich. Als wir auf dem Berge bei Closewitz anlangten, bat ich um meine Entlassung . . . allein meine Bitte blieb ohne Wirkung, weil der Marschall Befehl gegeben hatte, mich streng zu bewachen." Bei Closewitz, das bereits im Besitz der Franzosen war, ging es "durch das Dorf hindurch" in Richtung Rödigen, "wo schon preußische Jäger und Füsiliers sich mit den Franzosen herumschossen, so daß uns die Kugeln beständig um die Köpfe sausten."

Hinweisstein für Napoleons Standort mit seiner Garde am 14. Oktober 1806 am Dornberg. Errichtet vom Jena 1806 e. V.

Auch diese Kämpfe bei Rödigen und Lehesten - beginnend gegen 6.30 Uhr mit einem Feuergefecht auf dem linken Flügel von Tauentzien bei Closewitz und endend mit einem zusammenbrechenden Reiterangriff der preußisch-sächsischen Kavallerie Holtzendorffs in der Umgebung jener Stelle bei Rödigen, an der sich heute die schützenden Linden über dem stillen Grabbereich des Leutnants Bissing erheben -, sahen einen Erfolg der Franzosen. General Holtzendorff, dieser Vertreter preußischer Angriffstaktik alter Schule, hatte - ohne Befehle allein gelassen von seinem Oberbefehlshaber - seine verstreuten kleinen Truppenteile (ca. 4 700 Mann) in einer Linie unmittelbar südlich von Lehesten und Rödigen sammeln lassen und war gegen 9.30 Uhr mit ihnen unklugerweise zum Angriff gegen die Einheiten von Soult vorgegangen. Bereits in dieser Phase der Schlacht zeigte sich deutlich die Unbrauchbarkeit der preußischen Gefechtsausbildung. Das wellige und von vielen Büschen und kleinen Wäldchen - dem sog. "Heiligenholz", "Steinholz", "Loholz" oder "Pfarrholz" - durchzogene Gelände zwischen Lehesten und Closewitz ließ keinen großen Frontalangriff alter preußischer Schule zu, gab stattdessen den Tirailleuren Soults ideale Deckungsmöglichkeiten sowie den in "Kolonnentaktik" (statt preußischer "Lineartaktik") nachstoßenden französischen Bataillonen gute Umgehungs- und Entfaltungsmöglichkeiten. Der preußische Rückzug artete nach dem Zerschlagen der Kavallerie zur Flucht aus; trotzdem gelang es bei der Tiefe des Raumes, die Truppen noch einigermaßen zusammenzuhalten und neu zu sammeln. Holtzendorff ließ seine Einheiten gegen Mittag jedoch in Richtung Apolda abziehen - wo sie in den Sog der Niederlage von Auerstedt gerieten -, statt sie nach Westen, nach Kapellendorf, zu dirigieren; hier wären sie dringendst gebraucht worden. Die Truppen von Soult dagegen wurden nach ca. 10 Uhr frei, um als rechter Flügel der Franzosen bei Krippendorf und Vierzehnheiligen in das dortige Hauptgeschehen und in die zur Entscheidung führende Phase der Schlacht einzugreifen.

Fürst Hohenlohe war gegen 7 Uhr morgens, als das Gefechtsfeuer aus Richtung Closewitz-Lützeroda immer näher kam, mit seinem Stabe von Kapellendorf aufgebrochen. Zu dieser Stunde scheint ihm, wohl unter dem Eindruck der Kanonade, zum ersten Male der Gedanke an eine evtl. Schlacht an diesem Tage gekommen zu sein. Seinem etwa gegen 6.30 Uhr geschriebenen Bericht an den König über die Ereignisse des vergangenen (!) Tages fügte er die Bemerkung hinzu, daß "es wahrscheinlich wird, daß ich heute einen feindlichen Angriff . . . werde zu soutenieren (auszuhalten) haben". Trotz dieser Vermutung ließ Hohenlohe seine Kommandeure im Hauptlager zunächst ohne Anweisung. Diese hatten deshalb auf Grund des ostwärts anhebenden Gefechtslärms selbständig gehandelt und die Zelte abbrechen lassen. Die südlich der Straße nach Weimar gelegenen sächsischen Einheiten wendeten sich aus ihrer verkehrten Blickrichtung Südwesten nach Osten und formierten sich im Halbkreis um Isserstedt bzw. auf der "Schnecke" mit der Frontstellung zum Mühltal. Am kritischsten war die Situation der das eigentliche Zentrum bildenden Division des Generalleutnants Julius August Reinhold von Grawert. Diese Division mußte auf Grund des sich anscheinend bei Lützeroda-Vierzehnheiligen in ihren Rücken ziehenden Gefechts eine Schwenkung um 90°, gegenüber der bisherigen Lagerlinie, vornehmen und so eine Front gegen den Feind gewinnen. Nach einer erregten Debatte stimmte Fürst Hohenlohe, der nun endlich - fast zwei Stunden nach Beginn der französischen Operationen - bei den Truppen eingetroffen war, dem aus der Not geborenen Handeln des

FRIEDRICH LUDWIG, FÜRST ZU HOHENLOHE-INGELFINGEN-OEHRINGEN, königlich-Preußischer General der Infanterie, des schwarzen Adler- und des russischen Andreas-Ordens Ritter (1746-1818). Befehlshaber der preußisch-sächsischen Teilarmee, die bei Jena den Flankenschutz der abziehenden Hauptarmee in Richtung Auerstedt zu übernehmen hatte.
"Während der ganzen Schlacht von Jena . . . bin (ich) noch heute von Bewunderung über sein (Hohenlohes) persönliches Benehmen erfüllt. Eine wahrhaft vornehme Tapferkeit, unerschütterlicher Gleichmuth, und in natürlicher Folge davon, mächtige Einwirkung auf die Untergebenen".
(Aus dem Nachlasse Friedrich August Ludwig's von Marwitz. 2. Bd., 1852, S. 64ff.)
Nach 1808 kehrte der Fürst auf seinen Wohnsitz nach Oberschlesien zurück und führte dort bis zu seinem Tode ein trauriges Leben. Trotz unzureichender materieller Verhältnisse unterstützte er uneigennützig arme Offiziere, wo er konnte. General-Lieutenant von Pirch hat ihn nach 1815 besucht, "wo er (der Fürst) in einem alten Überrocke umherging, und seinem Gaste Mittags nicht weiter als eine Wassersuppe vorsetzten konnte. . . .
Niemals entschlüpfte ihm ein Wort der Klage oder Beschuldigung gegen andere, aber Thränen traten in seine Augen und er versank in düsteres Schweigen, wenn das Gespräch . . . das Unglück von 1806 berührte.
So endete Friedrich Ludwig . . ., einst der Stolz und das Vertrauen des Preußischen Heeres."
(Ebenda S. 67)
Kupferstich von Jeremias Paul Schweyer.

Generals Grawert zu. Gleichzeitig gab er seine Einwilligung zum Vorrücken der Truppen und erbat durch eine schriftliche Aufforderung die Unterstützung des Generals Rüchel: "Ew. Excellenz bitte ich, mir von preußischen Truppen zu schicken, was sie missen können." Die gegen 10 Uhr von Rüchel aus dessen Lager bei Weimar eintreffende, für den Ausgang der Schlacht sehr bedeutungsvoll gewordene Antwort stimmte optimistisch: "Ich komme den Augenblick mit dem größeren Theil zu Ew. Durchlaucht auf der Straße von hier (am Weimarer Webicht) nach Capellendorf... Ich helfe gern und aus Kräften als Freund."

Mit der Zustimmung zum Vorrücken der Division Grawert sowie der Heranbeorderung der Reserven Rüchels hatte Hohenlohe erstmals und gezwungenermaßen endgültig die Bereit-

"Bataille de Jena". Kupferstich von Prosper Aimé Marie Brunellière nach einer Zeichnung von Pierre Martinet. Phantasiedarstellung in der Manier damals üblicher Schlachtenmalerei.

Im Vordergrund die Feldherrengruppe (Napoleon) zu Pferde mit Adjutanten, im Mittelgrund vorrückende Truppen, im Hintergrund Kampfszenen mit "malerischem" Pulverdampf.

"Bataille de Jéna". Aquatinta nach einer Zeichnung des Augsburger Schlachtenmalers Johann Lorenz Rugendas. Teil des Schlachtfeldes bei der Krippendorfer Windmühle, etwa 10.15 Uhr des 14. Oktober 1806, Blick nach Westen und Nordwesten. Die (in den Einzelheiten ungenaue) Darstellung zeigt eine entscheidende Phase der Schlacht: den Anmarsch (rechts) der nach dem Siege bei Rödigen/ Lehesten eingeschwenkten französischen Truppen des Marschalls Soult und deren beginnenden Angriff auf das linke Zentrum der Preußen (Hintergrund).
Besitz: Museum Leuchtenburg

schaft zur Annahme einer Schlacht kundgetan. Das erforderte Konsequenzen: ein energisches, die Kräfte zusammenfassendes Handeln. Aber dieses Gebot der Stunde wurde nicht befolgt. "An sich war die Lage", so ist die Situation am Morgen des 14. Oktober zu Recht charakterisiert worden, "durchaus günstig für die Preußen, denn, wenn es ihnen gelungen wäre, die verhältnismäßig nicht sehr zahlreichen Truppen Napoleons . . . ins Tal zu werfen, würde die Schlacht für die Franzosen verloren gewesen sein. Zweifellos kam dem in alten Gefechtsanschauungen groß gewordenen Fürsten von Hohenlohe der französische Angriff so ungelegen, daß er den Kopf verlor, sich zwar persönlich mutig den ärgsten Gefahren

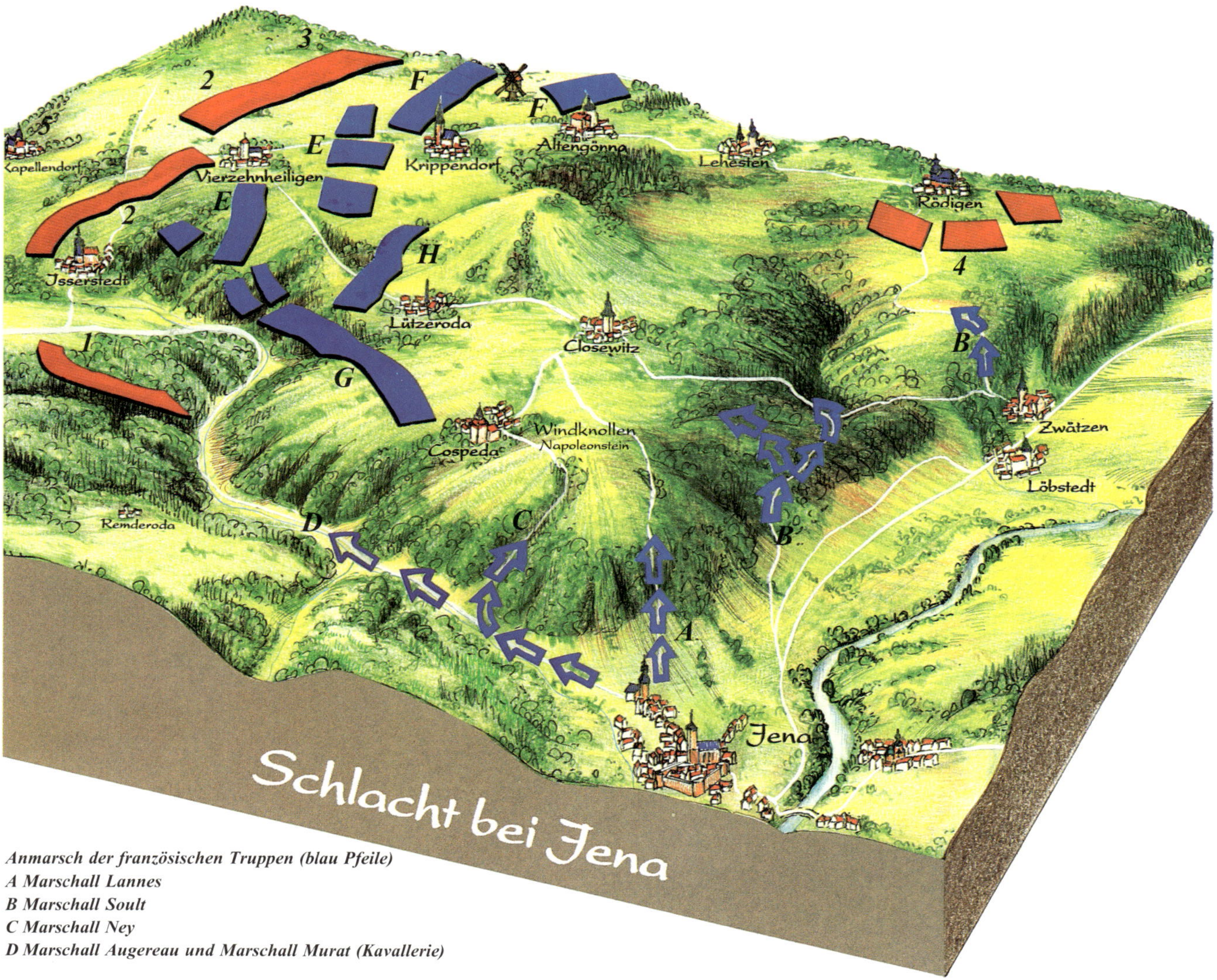

Anmarsch der französischen Truppen (blau Pfeile)
A Marschall Lannes
B Marschall Soult
C Marschall Ney
D Marschall Augereau und Marschall Murat (Kavallerie)

Truppenaufstellung in der Anfangsphase der Schlacht.
Die verbündeten Preußen und Sachsen (rot) 38 000 Mann, Oberbefehl Fürst Hohenlohe-Ingelfingen.
1 Division Zezschwitz
2 Division Grawert
3 General Holtzendorff
5 Preußisch-Sächsisches Hauptquartier

Die Franzosen (blau) 47 000 Mann, Oberbefehl Napoleon.
E Korps Lannes
F Korps Soult
G Korps Augereau
H Korps Ney

aussetzte, doch nicht die Geistesstärke besaß, sofort alle ihm zur Verfügung stehenden Truppen zur Unterstützung Tauentziens heranzuziehen, um den Gegner ins Saaletal hinabzudrängen ... Leider versagte nicht allein der Oberbefehlshaber, sondern die Führung der höheren Offiziere überhaupt. Nur sehr wenige Offiziere rafften sich zu selbständigem Handeln auf" (F. M. Kircheisen).

"Ein sofortiger kräftiger Vorstoß der konzentrirten 19 Bataillone (10 Grawert, 5 Dyhern, 4 Cerrini) hätte Erfolg versprochen. Daß Lannes noch allein war, konnte der Fürst nicht wissen, das aber mußte er voraussetzen, daß längeres Zögern dem Feinde Zeit lassen würde, immer mehr Truppen aus dem Saalethal heraufzuziehen."[30]

Etwa gegen 9 Uhr lag die neue preußische, jetzt eindeutig gegen den Feind gerichtete Hauptkampflinie zwischen Isserstedt und nördlich Vierzehnheiligen. Der linke Flügel griff bis Krippendorf aus, dessen Windmühle bald zu einem schwer umkämpften Objekt werden sollte. In diese Linie wurden die von Lützeroda und Closewitz zurückgewichenen Truppen von Tauentzien eingefügt bzw. hinter ihr als Reserve bei Klein-Romstedt aufgestellt. Die Franzosen waren in ihrer ersten Linie bis südlich Vierzehnheiligen vorgeprellt, während ihre Reserven noch bei Lützeroda bzw. in Höhe des sog. "Dornberges" (375 m über NN) standen. Hierher, auf diese damals noch unbewaldete Erhebung, hatte der Kaiser die Garde dirigiert. Sie ist während der gesamten Schlacht, obwohl darüber murrend, von Napoleon nicht eingesetzt worden, getreu seinem Grundsatz, diese Eliteeinheit nur in Stunden der Entscheidung oder höchsten Not in die Waagschale des Schlachtengottes zu werfen.

Zwischen 9 und 10 Uhr lagen für beide Seiten die kritischen Situationen der Schlacht. Noch hatte Napoleon nur das Korps Lannes und die Garde zur Verfügung, konnte auch nach dem Rückzug von Tauentzien wegen des Gefechtes bei Lehesten und Rödigen nicht weiter vorgehen; noch waren die im Anmarsch durch das Mühltal befindlichen Haupttruppen von Augereau und Ney nicht auf dem Schlachtfeld. Zur gleichen Zeit ließ Hohenlohe etwa gegen 9.30 Uhr das preußische Zentrum, die Kavallerie an der Spitze, in Richtung Vierzehnheiligen vorgehen. Die von schwachen Infanterieverbänden und vor allem Artillerie unterstützten Angriffe der Kavallerie stießen beiderseits von Vierzehnheiligen in zunächst recht erfolgversprechender Weise vor und brachten die französischen Truppen verschiedentlich in kritische Situationen. Nach wechselvollen Einzelkämpfen wurde das preußische Vorgehen jedoch aufgehalten und schließlich zurückgeschlagen. Es war dies vor allem ein Verdienst der Vorhut von Ney, die über Cospeda das Schlachtfeld erreichte. Napoleons Taktik des Zusammenführens seiner Truppen auf dem Plateau zeigte die ersten Erfolge. Hohenlohe ließ daraufhin die Kavallerie hinter die Infanterie zurücknehmen; Vierzehnheiligen wurde von den Franzosen besetzt und erwies sich in der Folge sehr rasch als eine für die preußischen Truppen uneinnehmbare Bastion.

Es begann das Vorgehen der preußischen Infanterie - ein Angriff, der historisch den Charaker eines Sinnbildes, die Dimensionen eines Symbols des Zusammenbruches der friderizianischen Armee und ihres Staates erhalten hat. Unter den Klängen ihrer alten, berühmten Märsche, exerziermäßig exakt in zwei Treffen gestaffelt, gingen etwa 20 Bataillone, in dem vordersten die der Division Grawert, unterstützt von rund 40 Schwadronen, ihrem Sterben bei Vierzehnheiligen und Krippendorf entgegen. Der Angriff wurde zunächst dicht vor Vierzehnheiligen - bereits im Bereich der französischen Tirailleurkugeln - unterbrochen. Westlich dieses Ortes befand sich 1806 eine dichte, etwa mannshohe Kiefernschonung sowie sumpfiges Gelände, so daß Hohenlohe, der auch den noch immer recht starken Nebel verziehen lassen wollte, halten ließ. Als bald darauf der Dunst gefallen war und nach der Kühle der Morgenstunden ein sonniger, warmer Herbsttag sich ankündigte, trat die preußische Hauptmacht erneut an. Die Kämpfe an den Frontlinien begannen sich jetzt zu verschärfen und auszuweiten: im Osten bei Krippendorf, wo die Truppen von Soult in den Hauptkampf eingriffen (Abbildung Seite 40), im Westen bis Isserstedt, hier hatten die ersten Einheiten von Augereau das Schlachtfeld erreicht. Die Entscheidung über Erfolg oder Niederlage aber lag bei Vierzehnheiligen. Wie in fast allen bisherigen Phasen der Schlacht gelangen den Preußen zunächst Anfangserfolge. Vor allem nördlich und westwärts von Vierzehnheiligen, das von den Preußen in Brand geschossen wurde, erlitten die hier ebenfalls in geschlossener Formation kämpfenden Franzosen empfindliche Niederlagen und wurden zum Rückzug gewungen. In dieser kritischen Phase griff Napoleon persönlich ein, ließ Truppen von Ney sowie die letzten Reserven von Lannes heranführen, so daß Vierzehnheiligen in französischer Hand blieb. Trotzdem zeichnete sich etwa zwischen 11 und 11.30 Uhr die Möglichkeit eines preußischen Erfolges ab, da die vorderen Truppen des Gegners offensichtlich abgekämpft waren und sich nur noch mühsam hielten. General Grawert glaubte deshalb, seinem Oberbefehlshaber bereits zum Siege gratulieren zu dürfen. Aber Hohenlohe blieb skeptisch; einlaufende Meldungen über Truppenbewegungen beim Gegner stimmten nachdenklich. Napoleons kluge Taktik zeigte Wirkungen: An den Randzonen des Schlachtfeldes - vor allem durch die vom Mühltal aufsteigenden französischen Reserven - begann sich jetzt eine zahlenmäßige Überlegenheit der kaiserlichen Truppen mit ersten Vorzeichen deutlich anzumelden. Diese Überlegenheit ist später in der wissenschaftlichen Literatur auf ca. 47 000 Franzosen (Mindestzahl) gegen ca. 35 000 verbündete Preußen und Sachsen während der Entscheidungsphase bei Vierzehnheiligen-Kapellendorf geschätzt worden, wobei sich diese Zahlen im Laufe des Tages noch stärker zugunsten der Franzosen verschoben.

Hohenlohe ließ entgegen dem Vorschlag seines Stabschefs Massenbach den Angriff einstellen und ging zum hinhaltenden Feuergefecht über. Die Gründe seines Entschlusses - in der Literatur über die Schlacht bei Jena im heftigen Pro und Kontra leidenschaftlich diskutiert - lagen auf der Hand: Die Einnahme von Vierzehnheiligen war zunächst nicht erzwungen; vom rechten (sächsischen) Flügel, welcher Einblick in das Mühltal hatte, wurde der Anmarsch französischer Reserven - es waren die Truppen des Korps Augereau und die ersten Reitereinheiten von Murat - gemeldet; auf der anderen Seite jedoch, dem Dornberg, stand als drohende Masse die noch völlig kampfstarke Garde des Kaisers. Angesichts dieser Situation entschied Hohenlohe, die Ankunft der starken Truppenverbände des Generals Rüchel abzuwarten, deren Eintreffen in kürzester Frist auf Grund der eingegangenen Meldung zu erwarten war. Mit diesen Reserven sollte zusammen mit den Haupttruppen der Angriff erneuert und, wie Hohenlohe annahm, als vernichtender Schlag gegen die Franzosen geführt werden.

Diese Konzeption erwies sich als Irrtum. Die Truppen Rüchels trafen nicht, wie zu erwarten gewesen, gegen 11 Uhr, sondern - aus Gründen, die nie überzeugend konkret aufgeklärt worden sind - erst gegen 13 Uhr auf dem Schlachtfeld ein. Sie fanden ihre Kameraden nicht nur auf dem Rückzug, sondern bereits auf der Flucht.

So verständlich Hohenlohes Befehl, zum hinhaltenden Feuergefecht überzugehen, auch immer gewesen sein mag, er war in mehrfacher Hinsicht anfechtbar bzw. fehlerhaft. Der preußische General besaß nicht - im Gegensatz zur Handlungsweise Napoleons - den Mut zum Risiko, die Entscheidung zu erzwingen und "alles auf eine Karte", in diesem Fall den Bajonettangriff, zu setzen. Hohenlohes Zögern nahm den Preußen den für eine Wendung der Dinge noch verbliebenen wichtigen Zeitfaktor; es verstieß vor allem aber auch gegen Grundprinzipien der alten Taktik, in deren Grenzen die preußischen Truppen nur zu kämpfen in der Lage waren. "Die Gefechtsausbildung der preußischen Infanterie war auf den Offensivkampf in der freien Ebene gerichtet, in ihm kamen die beiden entscheidenden Faktoren: die ... Feuergeschwindigkeit und der in geschlossener Linie mit höchster Energie eingedrillte Bajonettangriff zur Geltung" (Taysen). Das Warten der Truppen auf Rüchel, in ungedeckter Stellung, zwang den preußischen Infanterieeinheiten jedoch eine Gefechtsart auf, für die sie nur ungenügend ausgebildet waren. "Zwar war das Postengefecht, der Angriff auf Büsche und Waldparzellen in der Ausbildung, wenn auch stiefmütterlich behandelt, vorgesehen; im wesentlichen (jedoch nur) in der Art, daß leichte Truppen vor der Front gegen solche anliefen und die Linie mit gefälltem Gewehr folgte. Hier (bei Vierzehnheiligen) sollte nun ein Postengefecht geführt werden, ohne folgenden Bajonettkampf" (Taysen).

Das Gelände von Krippendorf bis hinter Vierzehnheiligen und von da bis Isserstedt, auf dem die Preußen in langer zusammenhängender Linie deutlich sichtbar standen ohne anzugreifen oder zurückzugehen, bot sowohl der französischen Artillerie als auch den vorpreschenden Tirailleuren ausgezeichnete Schußmöglichkeiten. Die das Gelände damals bedeckenden zahlreichen Büsche und Buschzonen, die wie "Gardinen" wirkten, gaben den Tirailleuren ausreichend Deckungsmöglichkeiten. Den Preußen blieb auf Grund ihrer Taktik nur die Wahl, "ins Leere" zu schießen und "hinhaltend fechtend" sich totschießen zu lassen: "Während die stehenden, in Linie entwickelten Bataillone der Grawertschen Division eine nicht zu verfehlende Scheibenwand für die Kugeln der französischen Tirailleure bildeten, vermochten die wenigen Schützen auf der anderen Seite und die Peloton- und Bataillonssalven nichts gegen den im Dorf (Vierzehnheiligen) und im Gelände Deckung findenden Gegner auszurichten. Bei einem solchen Verkennen des Grundgedankens der friderizianischen Taktik, der in einem stetigen Vorwärtstragen des Feuers bis zum Einbruch (in die gegnerischen Linien) bestand, darf es nicht Wunder nehmen, wenn die alte Kampfform der neuen unterlag. Die Verluste wurden uner-

JOMINI, HENRI-ANTOINE (1779-1869)
Gebürtiger Schweizer, anerkannter Kriegswissenschaftler, gleichaltrig mit seinem Gegenpol Clausewitz, war General unter Napoleon und dem Zaren von Rußland.
Das "Double Napoleons" in strategischer Hinsicht hat als Berater des Kaisers auch 1806 an der Schlacht bei Jena teilgenommen und deren Verlauf charakterisiert.
Bonaparte hatte sein großes Talent erkannt, ihm aber als militärischen Konkurrenten, der seine Gedanken lesen konnte, wenig Spielraum gelassen.
Am 13. August 1813 schreibt Jomini an seinen Freund Monnier: "Morgen werde ich den undankbaren Fahnen Lebewohl gesagt haben, die mir nichts eingebracht haben als Demütigungen . . ." (Courville, Jomini, S. 219). Er nahm ein russisches Angebot an und wurde Generaladjutant des Zaren, erhielt 1817 den Großen Stern des St. Wladimir-Ordens und blieb später in diplomatischen Diensten Rußlands. Schrieb Lehrbücher für die Kriegsakademie (Abriß der Kriegskunst und Abhandlungen von den großen Operationen), die auch in Österreich und Rußland Eingang fanden. Nur die preußischen Militärs ignorierten sie. Erst 1870 wurden seine Werke in der preußischen Kriegsakademie aufgenommen.
1859 schrieb Jomini: "Ich habe keine Illusionen mehr, ich wünsche nur noch, in Zurückgezogenheit zu leben." (Ebenda, S. 319).

Denkmal Jominis in seiner Geburtsstadt Payerne (Schweiz)

träglich" (O. v. Lettow-Vorbeck). "Während der Feind", so hat der Adjutant des Fürsten Hohenlohe, Rittmeister Friedrich August Ludwig von der Marwitz als Augenzeuge die Situation und die französische Taktik bei Vierzehnheiligen geschildert, "durch das ewige Feuer seiner Tirailleurs und seiner leichten Batterien uns alle seine Bewegungen verbarg, manöverierte er hinter denselben (mit seinen Hauptkräften, den Infanteriekolonnen) so, daß nirgends eine formierte Linie oder überhaupt nur Truppen zu sehen waren."

In den Mittagsstunden - es mag gegen 11.30 bis 12 Uhr gewesen sein - hatte Napoleon genügend Truppen zur Hand, um zum Kolonnenangriff auf die durch das Tirailleur- und Batteriefeuer gelichteten und schon abgekämpften preußischen Einheiten vorzugehen, die außerdem infolge des Fehlens der Holtzendorffschen Einheiten ohne unmittelbare Reserve waren. Soult, der Sieger gegen Holtzendorff, ging auf dem rechten Flügel gegen die linken Einheiten der Preußen vor; Lannes befehligte bei Vierzehnheiligen das Zentrum; links von ihm griffen frische Divisionen von Ney neu an, während das Korps Augereau über Cospeda nach Isserstedt vordrang und dadurch zugleich die auf der "Schnecke" stationierten sächsischen Truppen von ihren Verbündeten trennte. Die preußischen Truppen begannen zu weichen, zunächst einzelne Bataillone, dann größere Einheiten. Der Rückzug, beginnend auf dem linken Flügel der Preußen, ging rasch in Flucht über. Die Truppenverbände lösten sich auf, Kommandos und Befehle wurden zur Farce. Lediglich die sächsischen Truppen auf dem rechten Flügel, bisher nicht ins Gefecht gekommen, leisteten noch kurze Zeit energischen Widerstand, mußten jedoch der jetzt erdrückenden französischen Übermacht weichen, wobei sich großeTeile gefangen gaben. Inmitten dieses anhebenden Chaos einer demoralisierten Armee gab es nur noch wenige Beispiele für Opfermut. Legendären Ruhm erwarb sich südlich von Kapellendorf das sächsische Grenadierbataillon "Aus dem Winkel". Als Karree formiert, nahm es den verzweifelten, physisch und psychisch am Ende seiner Kräfte befindlichen sechzigjährigen Oberbefehlshaber in die Mitte: "Unablässig vom Feinde angegriffen und niemals erschüttert, ging das sächsische Grenadierbataillon vollkommen geordnet und mit klingendem Spiel zurück. In einem offenen Karree bot es dem Feinde die Spitze, so oft er nahe kam . . . sobald das Bataillon Luft hatte, ward Trupp geschlagen, es zog mit Musik wie auf dem Exerzierplatz ab. Kam der Feind wieder heran, ein Wirbel - und alles stand schlagfertig." So schildert der Augenzeuge von der Marwitz dieses Bataillon, dem an der Stelle seines Kampfes, am Feldweg zwischen Hohlstedt und Kapellendorf, bis zum heutigen Tage ein schlichter Gedenkstein gewidmet ist.

Die Niederlage war perfekt. Die preußisch-sächsischen Truppen waren praktisch im Verlauf einer Stunde, zwischen 11.30 und 12.30 Uhr, geschlagen worden. Daß aus der Niederlage eine Vernichtung wurde, bewirkte die letzte Phase der Schlacht.

Kurz nach 13 Uhr trafen endlich die Truppen des Generals Rüchel, denen in den letzten Stunden so sehnsuchtsvoll ausschauende Blicke gegolten hatten, bei Kapellendorf ein. Statt auf den westlichen Hängen oberhalb des Ortes eine hier gut mögliche Auffangstellung für die zurückströmenden eigenen Truppen einzunehmen, den von den Kämpfen des Tages und der Verfolgung zweifellos ermüdeten französischen Soldaten Halt zu bieten und damit die Residenz Weimar zu decken, den Abtransport der Verwundeten zu schützen, ging Rüchel in völliger Verkennung der Situation gegen 14 Uhr zum Angriff über. Auf dem steilen Abhang des "Sperlingsberges" ostwärts der Wasserburg Kapellendorf vollzog sich die letzte Tragödie der Schlacht. Eingeklemmt zwischen den flüchtenden Preußen, inmitten des Chaos umgestürzter Bagagewagen, Kanonen, verwundeter und toter Menschen und Pferde sowie von einem heftigen Kugelfeuer der Franzosen, die bereits den Höhenrand erreicht hatten, überschüttet, brach der Angriff zusammen. Es war rund eine halbe Stunde, nachdem diese letzten Reserven so siegessicher von Rüchel, der beim Angriff selbst schwer verwundet wurde, auf das Schlachtfeld geschickt worden waren.

Bockwindmühle bei Krippendorf mit französischem Tambour um 1806, Ölgemälde anonym. Besitz: Museum Leuchtenburg

Am späten Nachmittage des 14. Oktober, fast gleichzeitig mit den letzten Einheiten der flüchtenden preußischen Truppen, stießen die ersten französischen Vorhuten nach Weimar hinein. Es waren Verbände der Avantgarden des Marschalls Ney und des Marschalls Murat, dessen berühmte Reiterschwadronen noch in die Entscheidungsphase der Schlacht eingegriffen hatten und im rechten Augenblick zur Verfolgung des geschlagenen Gegners in Aktion treten konnten.

Die Residenzstadt des Herzogs und preußischen Generals Carl August wurde für mehr als 36 Stunden der Plünderung preisgegeben, deren wilde Szenen zunächst auch vor dem Hause Goethes nicht halt machten. Hohenlohe erreichte nach einer fast pausenlosen Flucht über Weimar und Schloßvippach am Morgen des 15. Oktober völlig erschöpft das Städtchen Sondershausen. Seine Armee hatte sich aufgelöst, 60 Reiter waren der Rest, der bei ihm blieb. Hier in Sondershausen traf er mit seinem von Auerstedt geflüchteten, entmutigten Monarchen zusammen, erfuhr das ganze Ausmaß der totalen Niederlage zweier Armeen und erhielt zugleich den Oberbefehl über alles, was sich noch preußische Armee nannte. Napoleon aber, mit der Garde nach Jena zurückgekehrt, schrieb am gleichen 15. Oktober an seine Frau, Kaiserin Josephine, mit leichter Hand: "Meine Freundin, ich habe schöne Manöver gegen die Preußen ausgeführt. Ich habe gestern einen großen Sieg erfochten . . ."

In jenen Stunden, da sich das Drama bei Jena, Vierzehnheiligen und Kapellendorf abspielte, erfocht Marschall Davout einen nicht minder glänzenden Sieg über die Hauptarmee bei Auerstedt. Dieser Sieg überragte sogar in mancher Beziehung den Erfolg Napoleons, wurde er doch mit entschieden schwächeren Kräften als bei Jena gegen eine zahlenmäßig erdrükkende preußische Übermacht durchgesetzt.

Louis-Nicolas Davout, geboren am 10. Mai 1770 zu Annoux im ehemaligen Burgund und 1806 als Siebenunddreißigjähriger auf der Höhe seines Lebens, stammte aus einer alten französischen Offiziersfamilie. 1780 war er als Kadett der Militärschule zu Brienne ein Mitschüler Napoleons. Begeistert begrüßte er den Ausbruch der Revoltion, in deren Verlauf er sich erhebliche Verdienste erwarb. Wie die meisten der höchsten Offiziere des Kaisers hatte er sich, als Leutnant beginnend (1785), den "Marschallstab im Tornister erworben" und an den wichtigsten Feldzügen des revolutionären Frankreichs in den Niederlanden, in Deutschland und Italien teilgenommen. 1798/99 gehörte er zum Kreis um Napoleon im Ägyptenfeldzug, geriet später zeitweise in englische Gefangenschaft, wurde 1800 französischer Oberbefehlshaber der Kavallerie in Italien und schließlich nach der Thronbesteigung Napoleons 1804 unter die große Marschallsernennung eingereiht. Davout gilt und galt, darüber ist sich die Geschichtsschreibung einig, und Auerstedt hat es bewiesen, "als einer der begabtesten Heerführer der napoleonischen Armee" (A. S. Manfred). Über seine menschlichen Qualitäten und sein Charakterbild schwankt allerdings, "von der Parteien Gunst und Haß verwirrt", das Urteil der Geschichte. Einerseits als "kalt, bissig und kleinlich" verschrien, gezeichnet durch eine bis zur Grausamkeit gehende Härte, ist andererseits die menschliche Lauterkeit von Davout gerühmt worden, der sich nie wie so mancher seiner Marschallskameraden - die Macht ausnützend - zu gemeinen Schuftereien oder persönlicher Bereicherung habe hinreißen lassen. "Seine ganze Seele ging im'Dienst' auf. In ihm lebte nur ein starker Wille zur Macht, eine Herrschaft im Kleinen als Konterfei des Großen, dem er diente . . . Als der vollkommene Militär, der er war, betrachtete er seine drakonische Strenge und Härte einfach als geziemende Pflicht im Interesse seines Kaisers und der Armee" (C. Bleibtreu). Vielleicht traf auf ihn Heinrich von Kleists Wort des Varus zu: "Es ist nicht meines Amtes, den Willen meines Kaisers zu erspähn. Er sagt ihn, wenn er ihn vollführt will wissen!" In diesem Sinne zumindest hat Davout 1806 bei Auerstedt gehandelt, den "Willen seines Kaisers" dabei allerdings in einem solch ungeheuren Maße zum Erfolg geführt, daß zunächst selbst Napoleon daran zweifelte.

Im Vergleich zur Schlacht bei Jena mit ihrer Fülle taktischer Maßnahmen und schwieriger Varianten verliefen die Kämpfe bei Auerstedt und Hassenhausen gewissermaßen "konfliktloser". Sie begannen bei den Dörfern Poppel, Taugwitz und Hassenhausen - an der Hauptstraße Kösen-Eckartsberga gelegen - mit einem "zufälligen" Zusammenstoß französischer und preußischer Vorhuten. Es waren die Avantgarde Davouts, der sich mit seinen Truppen befehlsgemäß über Kösen in Richtung Apolda in Bewegung gesetzt hatte, sowie die Vorhuten der preußischen Division Schmettau, die den Paß und den Saaleübergang bei Kösen besetzen sollten, um den für den 14. Oktober geplanten Weitermarsch der Hauptarmee zur Unstrut gegen Osten abzudecken.

So unterschiedlich die örtlichen Situationen zwischen den Schlachten bei Jena und Auerstedt auch waren, glichen sie sich doch in vielem in überraschender Weise:

Blick auf die Krippendorfer Bockwindmühle. Sie diente während der Schlacht als Orientierungspunkt.
Vgl. Abb. auf Seite 40.

Der Landgrafenberg mit den Apoldischen Steiger nebst der Strasse nach Weimar.
Die Stadtkirche den 14 October Abends.
Griesbachs Garten in den ersten Stunden des 14 October.
Die Franzosen passiren das Rauthal unter Marschall Lanes.
Der Pavillon auf den Napoleonsberge den 7 October 1808.
Die Camsdorfer Brücke beim Uebergang der Franzosen.
Nachtlagerplatz Napoleons vor der Schlacht.
Schlacht in der Nähe von Krippendorf.
Brand der Johannisstrasse.
Gefangennehmung des General-Major von Sanitz bei Lützeroda.
Bivouac der Franzosen im Mühlthale.
Die Franzosen schaffen ihre Kanonen den Apoldischen Steiger hinauf.
Brand in Vierzehnheiligen während der Schlacht.

Eine überlegene und überlegt handelnde Führung auf französischer, eine versagende Leitung auf preußischer Seite; war bei Jena der Kampf um ein Dorf, Vierzehnheiligen, das ausschlaggebende Moment zum Erfolg, wurde es bei Auerstedt der Kampf um den Besitz von Hassenhausen; beide Male versagte die preußische lineare Angriffstaktik, konnten die Dörfer, in denen sich die französischen Tirailleure, Batterien und Truppeneinheiten geschickt verdeckt verteidigten, nicht erobert und zum Ausgangspunkt weiterer preußischer Angriffe gemacht werden. Stärker noch als bei Jena zeigte bei Auerstedt die so berühmte, selbst von Napoleon respektierte preußische Kavallerie eine recht geringe Kampfkraft und Kampfmoral, was den Kommandeur der bei Hassenhausen nach einem mißglückten Angriff in wilder Flucht zurückgegangenen Einheiten, General Gebhard Leberecht von Blücher zu der bekannten, von Bitterkeit getragenen Meldung an den König veranlaßte: "Majestät, die Kavallerie hat ihre Schuldigkeit nicht getan!"

Diese Meldung war im betreffenden Einzelfall zweifellos zutreffend, doch sollte sie nicht zu stark überbewertet werden. Allgemein gesehen, läßt sich feststellen, haben die preußischen Truppen trotz der vorhergegangenen, z. T. sinnlos langen Märsche, der schlechten Verpflegung usw. erstaunlich wacker gekämpft und sind - zum Beispiel als lebende Schützenscheibe vor Vierzehnheiligen - einem tapferen Tod entgegengegangen.

In der reichhaltigen Literatur über Jena und Auerstedt wurden vor allem - und gewiß zu Recht - immer wieder in erster Linie die Maßnahmen Napoleons oder Davouts, die überlegene neue französische Taktik sowie die Fülle der Fehler, das Versagen und die Überalterung der preußischen Heeresleitung diskutiert, wobei allerdings oft zu wenig Beachtung fand, daß ein Teil der "Fehler" nur zwangsläufige Konsequenz der veralteten friderizianischen Strategie und Taktik war. Trotz dieser Fehler darf jedoch nicht vergessen werden, daß Schlachten nicht nur durch die Maßnahmen und Befehle der Heeresleitung, sondern durch den Kampfeswillen und die Moral der Truppen geprägt und entschieden werden. An Tapferkeit und in gewissem Sinne auch energischem Kampfeswillen hat es preußischerseits nicht gefehlt, wohl aber lag die höhere Kampfmoral zweifelsfrei bei den französischen Truppen. Wenn Situationen schwieriger werden, entscheidet die Haltung der Menschen. In den Anfangsphasen beider Schlachten kämpften die Preußen und Sachsen in der Regel gut, aber sobald die ersten Rückschläge eintraten, zeigten sich - von Ausnahmen wie z.B. dem Bataillon "Aus dem Winkel" abgesehen - sehr rasch Verfallserscheinungen, ließen Tapferkeit und Disziplin nach. In solchen Situationen half auch nicht mehr das berüchtigte Dreinschlagen durch die Offiziere, um die weichenden Truppen zum Stehen zu bringen. Solches Dreinschlagen ist sowohl für die Schlußphasen von Jena als auch für Auerstedt bekannt, wo selbst das Austeilen von Schlägen durch den Fürsten Hohenlohe und sogar den Monarchen persönlich ohne Wirkung blieb. Von französischer Seite sind solche Szenen nicht überliefert - der Unterschied der beiden Gesellschaftsformationen, die hier aufeinander stießen, zeigte sich auch in diesen Faktoren, dem Grad der Kampfmoral der Truppen.

Die preußische Hauptarmee - wie erwähnt ca. 50 000 Mann - bestand am 14. Oktober aus drei Divisionen unter den Befehlen der Generale Graf von Schmettau, Graf von Wartensleben und Prinz von Oranien, insgesamt 33 Bataillone und 45 Schwadronen. Dazu kamen zwei starke Reserveeinheiten von 18 Bataillonen und 25 Schwadronen, geführt von dem General Graf Kalckreuth, ferner weitere Kontingente, unter ihnen das Husarenregiment des Generals Blücher, der von Rüchels Korps zur Führung der Vorhut hierher berufen worden war, da die eigentliche Avantgarde der Hauptarmee, die Truppen des Herzogs Carl August, eine weit entfernt stehende Nachhut bildeten. Dieser gewaltigen Truppenkonzentration hatte Davout nur ca. 25 - 28 000 Mann entgegenzusetzen, ebenfalls gegliedert in drei Formationen, die Divisionen der Generale Gudin, Friant und Morand, die in dieser Marschfolge das Gefechtsfeld bei Hassenhausen erreichten, dazu geringe Einheiten leichter Kavallerie unter General Vialannes.

Die Schlacht bei Auerstedt kann als eine Art Begegnungsgefecht bezeichnet werden bzw. sie entwickelte sich in einem solchen Sinne, indem die heranmarschierenden Truppen auf beiden Seiten so, wie sie das Gefechtsfeld erreichten, eingesetzt wurden.

Bilderbogen mit "Scenen aus der Schlacht bei Jena den 14. Oktober 1806". 13 kolorierte Lithographien von C. Hertel nach Vorlagen Jenaer Lokalkünstler, die die Oktobertage 1806 miterlebten, z.B. Jakob Roux, Ludwig Heß u. a.

Hergestellt in der Lithographischen Anstalt von C. Heß in Jena, wahrscheinlich Ende 1808 oder 1809.
Die Unterschrift zum Bild oben rechts irrtümlich "Lannes" statt Soult.
Besitz: Museum Leuchtenburg

Marschall LOUIS NICOLAS DAVOUT (1770-1832), der Sieger und "Herzog von Auerstedt".
Ölgemälde von Pierre Gautherot.
Besitz: Musée national de Versailles

Nach dem erwähnten Aufeinanderprall kleinerer Kavallerieverbände bei dem Dorfe Poppel auf der Hauptstraße zwischen Eckartsberga und Kösen kam es auf den Höhen nördlich dieser Straße etwa gegen 7 Uhr morgens zum ersten größeren Gefecht. Die im Vorrücken begriffene, zur Attacke übergehende, allerdings infolge des Nebels in ihrer Sicht stark behinderte preußische Kavallerie wurde zweimal durch relativ schwache französische Infanterie und Artillerie der Division Gudin zurückgeschlagen. Es begann ein zunächst stehendes Feuergefecht der Artillerie der Division Schmettau mit den Franzosen, die ab etwa 8 Uhr durch die nachrückende Division Friant verstärkt wurden, während preußischerseits im Laufe des Vormittags die Division Wartensleben und Teile der ihr folgenden Division Prinz von Oranien ins Gefecht kamen. Im Kampf um das Dorf Hassenhausen verlängerten sich, im Bestreben den Gegner zu überflügeln bzw. zu umklammern, die Frontlinien zwangsläufig nach Norden und Süden, blieben nicht mehr auf reine Keile, die auf der Hauptstraße aufeinander stießen, beschränkt. Die Preußen errangen hierbei zunächst eine Anzahl kleinerer Erfolge, konnten diese jedoch infolge des tapferen Widerstandes der sich zu Karrees formierenden französischen Truppenverbände sowie des Fehlens ausreichender eigener Kavallerie nicht in die Tiefe des Raumes ausweiten. Als sich hierbei auf dem linken Flügel zeitweise eine kritische Situation für die Preußen anzubahnen schien und der Nebel noch immer keine klare Fernsicht zuließ, schickte der Herzog von Braunschweig seinen Stabschef Oberst Scharnhorst zu dieser Front und machte ihn persönlich "für Alles, was dort geschieht, verantwortlich." Damit wurde der fähigste Mann des Stabes vom Hauptquartier getrennt und verblieb, ohne Übersicht der Gesamtsituation, ständig auf dem linken Flügel, was zweifellos ein Fehler war. Statt zum Zentrum zurückzukehren, übernahm Scharnhorst trotz der Anwesenheit von zwei Brigade-Generalen nach der schweren Verwundung des Generals Schmettau die Leitung dieses Gefechtsbereiches.

Da der Kampf um Hassenhausen ins Stehen zu geraten schien, wurde zur Unterstützung vor allem des rechten Flügels der Division Schmettau die nachrückende Division Wartensleben ins Gefecht geführt. Diese Division kam bereits beim Marsch durch das vom Troß des Hauptquartiers arg blockierte Auerstedt sowie beim Übergang über den am Dorfrand fließenden Emsbach in starke Unordnung. Ihr Angriff geriet deshalb vor Hassenhausen ins Stocken. Um sich über die Lage zu orientieren und die Truppen zum Vorgehen anzufeuern, ritt der Herzog von Braunschweig persönlich nach vorn. Wie vor vier Tagen der junge Hitzkopf Louis Ferdinand bei Saalfeld vergaß auch der alte, erfahrene Heerführer, daß er nicht in vorderster Frontlinie zu stehen, sondern die Schlacht als Ganzes zu leiten habe. Im Gefechtsbereich des Grenadierbataillons von Hanstein etwa 500 m vor Hassenhausen - an der Stelle, an der später ein Gedenkstein gesetzt wurde - ist der Herzog gegen 9 Uhr von einer Kugel getroffen worden, die ihm von der rechten Seite des Kopfes durch die Stirnhöhle zur linken drang und zur sofortigen Erblindung und zeitweisen Bewußtlosigkeit führte. Mühsam durch das anhaltende Gewehrfeuer nach rückwärts gebracht, wurde er in Auerstedt zunächst provisorisch behandelt. "Der Anblick war schauderhaft". Gedeckt von einem kleinen, aufopferungsbereiten Gefolge - in ihm als ortskundiger Führer der Auerstedter Fleischer Adam Krippendorf[31] und der Regimentsarzt Dr. Völker - wurde der Herzog in einer abenteuerlichen Flucht vor der Gefangenschaft bewahrt und über Buttstädt, Kölleda, Sangerhausen und Blankenburg nach Braunschweig transportiert, wo er am 20. Oktober eintraf. Von hier mußte er, da die herannahenden Franzosen selbstverständlich die angebliche "Neutralität" der Residenz des preußischen Oberbefehlshabers nicht respektierten, bereits fünf Tage später ins neutrale dänische Ottensen, jenseits der Elbe, überführt werden. Dort ist er, knapp vier Wochen nach der Schlacht bei Auerstedt, am 10. November an den Folgen seiner Verwundung gestorben und auch beigesetzt worden.

Der Verlust des Oberbefehlshabers am Beginn der entscheidenden Phase der Schlacht war für die Preußen besonders verhängnisvoll. Da Scharnhorst fehlte und erst viel später vom Ausfall seines Chefs erfuhr, hörte praktisch jede zentrale Leitung auf. Alle Berichte stimmen darin überein, daß in dieser Situation vor allem der König sowie der Befehlshaber der Reserve, General Friedrich Adolf von Kalckreuth, ebenfalls bereits ein Greis von 70 Jahren, vollständig versagten.

Friedrich Wilhelm III., persönlich zwar tapfer, gehörte, nach dem Urteil von Clausewitz, zu jenen Menschen, die "durch die schlimmste aller Eigenschaften" gekennzeichnet sind: "Mißtrauen in die eigenen Kräfte". Er war ein Mann "ohne Selbstvertrauen . . ., der aus Grundsatz sein Urteil dem anderer Leute nachsetzte." Unfähig, in jener kritischen Stunde nach dem Ausfall des Herzogs von Braunschweig selbst die militärische Leitung zu übernehmen, versäumte er auch, einen

Aufsstellung der Preußen (rot) ca. 50 000 Mann

Oberbefehl Herzog von Braunschweig (wurde gegen 9 Uhr südwestlich von Hassenhausen schwer verwundet).

1 Division Prinz von Oranien
2 Division Graf von Wartensleben
3 Division General Graf Schmettau
4 Division von Arnim
5 Husarenregiment General Blücher
6 Reserve General Graf Kalkreuth (18 000 Mann, kam nicht zum Einsatz)
7 Preußisches Hauptquartier

Aufstellung der Franzosen (blau)

25-28 000 Mann
Oberbefehl Marschall Davout
A Division General Morand
B Division General Gudin
C Division General Friant
D Leichte Kavallerie General Vialannes

neuen Oberbefehlshaber einzusetzen. So handelte von jenem Zeitpunkt an jeder einzelne General, jeder Flügeladjutant des Monarchen gezwungenermaßen nach eigenem Gutdünken, ohne Überblick des Ganzen, verbrauchte einzeln die Kräfte, die, wohlüberlegt eingesetzt, der Gesamtsituation so notwendig waren und vielleicht die Entscheidung für die preußischen Waffen hätten bringen können. "Man avancierte in e i n e m Treffen", d. h. man ging ohne Reserven vor, "gab Salven mit vollen Bataillonen, und der Erfolg war, daß man anfangs vorschritt, die Truppen, welche der Feind ins Gefecht gebracht hatte, zurückwarf, dabei aber durch das feindliche Tirailleur- und Artilleriefeuer unverhältnismäßig viel litt und, sobald man auf die dichteren Massen und die herankommenden Verstärkungen des Feindes traf, zum Stehen kam." So hat Clausewitz als Teilnehmer der Schlacht - er war bei Auerstedt Stabskapitän im Grenadierbataillon des Prinzen August von Preußen - die preußischen Angriffe auf Hassenhausen geschildert.

Trotz dieser wenig wirksamen Angriffswellen stand die Schlacht - ebenso wie etwa zur gleichen Zeit bei Vierzehnheiligen - auf Grund der zahlenmäßigen Überlegenheit auch nach dem Ausfall des Herzogs an sich noch nicht schlecht für die Preußen. Entscheidend war, wer zuerst in der Lage sein würde, Verstärkungen heranzuziehen und sie konzentriert einzusetzen.

Zwischen 10 und 11 Uhr, als der französische linke Flügel bereits im Begriff war, zusammenzubrechen, warf Davout in kühner Entschlossenheit und obwohl ihm inzwischen klar geworden war, daß er nicht nur schwache preußische Einheiten vor sich hatte, seine einzigen und letzten Reserven in den Kampf. Es waren die Truppen der Division Morand, die soeben das Schlachtfeld erreicht hatten. Daraufhin verlor der preußische König gegen Mittag die Hoffnung auf einen Sieg, wollte weitere, wie ihm schien sinnlose Verluste vermeiden, obwohl die starken Reserveeinheiten unter Kalckreuth überhaupt noch nicht ins Gefecht gekommen waren.[32] Friedrich Wilhelm III. ließ die Truppen ab etwa 14 Uhr zurückgehen, um - vereint mit der Armee des Fürsten Hohenlohe, von deren Niederlage er noch keine Kenntnis besaß - eine neue Schlacht bei Apolda oder Weimar unter, wie er glaubte, günstigeren Umständen zu liefern.

Dieser Rückzugsbefehl war nach der Auffassung von Clausewitz völlig verfehlt. Noch in der Jahrzehnte später (1823/24) von ihm niedergeschriebenen Analyse der Schlacht bei Jena und Auerstedt spürt man aus seinen Worten die ganze Bitterkeit über dieses preußische Abbrechen der Schlacht, erkennt aber auch die Objektivität jenes Klassikers der Kriegstheorie, der trotz allen Schmerzes den anerkennenden Blick für die gesetzmäßige Überlegenheit der französischen Taktik nicht verlor: "Der König . . . glaubte, mit der Reserve die Schlacht nicht mehr herzustellen. Hätte der König die Lage seines Gegners gekannt, wie wir sie jetzt kennen (d. h. die zahlenmäßige Schwäche der Franzosen), so würde er wohl nicht einen Augenblick angestanden haben, die Reserve gegen ihn zu brauchen, und dann hätte es mit einem Wunder zugehen müssen, wenn er nicht auf diesem Punkt (d. h. bei Hassenhausen) einen glänzenden Sieg erfochten hätte. Allein man schätzte das, was im Gefecht gegen unsere drei Divisionen (Schmettau, Wartensleben, Prinz von Oranien) gewesen war, viel stärker als diese, weil man gesehen hatte, wie diese daran zerschellt waren und daß der Feind immer noch Reserven behielt: man kannte die Wirkungen der neueren Taktik nicht genug, die mit den Kräften im Gefecht sehr haushälterisch zu Werke geht und brachte daher den Unterschied im Erfolg beider Gefechtsweisen nicht gehörig in Anschlag . . . Die Schlacht von Auerstedt (preußischerseits) nicht fortgeschlagen zu haben, ist als ein recht klares Beispiel der Unentschlossenheit im Kriege zu betrachten. Weil man keine absolute Gewißheit über den Erfolg hatte, so hielt man es für klüger und vorsichtiger, abzulassen, während Klugheit und Vorsicht gerade umgekehrt rieten, den einzigen Vorteil, auf den man in diesem Kriege vor der Hand (d. h. am Beginn des Krieges) Rechnung machen könne (die bei Auerstedt noch vorhandene zahlenmäßige Überlegenheit), nicht entwischen zu lassen."

Clausewitz hatte recht. Die Schlacht bei Auerstedt/Hassenhausen war zwar ein glänzender Sieg von Davout, aber noch nicht - wie bei Vierzehnheiligen/Kapellendorf - die vollständige Vernichtung des Gegners. Zu einem solchen Kraftakt waren die hier eingesetzten französischen Truppen einfach rein zahlenmäßig zu schwach. Bei Auerstedt fehlten vor allem die französischen Einheiten des Korps des Marschalls Jean Baptiste Jules Bernadotte. Diesem waren für den 14. Oktober durch Napoleon ähnliche Anweisungen wie für Davout zugegangen: entweder allein oder vereint mit Davout zügig nach Westen vorzustoßen und die Preußen anzugreifen - ihnen in den Rücken zu fallen, wie der Kaiser annahm. Bernadotte verbrachte jedoch, trotz des deutlich hörbaren Geschützfeuers, den Tag bei Dornburg sowie im langsamen Marsch auf

Apolda, wo er erst am Abend, als beide Schlachten bereits vorüber waren, ohne Feindberühung eintraf. Napoleon war über dieses Verhalten seines Marschalls so wütend, daß er diesen vor ein Kriegsgericht stellen lassen wollte. Er hat es jedoch unterlassen - wahrscheinlich auf Grund der gemeinsamen Vergangenheit sowie der beachtlichen Leistungen Bernadottes im weiteren Verlauf des Feldzuges.

Als Karl Marx und Friedrich Engels 1857 intensive Studien zum Leben von Bernadotte, des späteren Kronprinzen und ab 1818 Königs von Schweden, betrieben, haben sie sein Verhalten bei Jena und Auerstedt scharf kritisiert. Sie betonten: Davout "mußte die ganze Last der Schlacht bei Auerstedt allein tragen, die wegen Bernadottes Abwesenheit nicht mit einem entscheidenden Siege endete" (Marx). Erst "das Zusammentreffen der Auerstedter preußischen Armee mit den Flüchtlingen von Jena", verbunden mit der "strategischen Vorbereitung zur Schlacht durch Napoleon" haben die "Affaire" Bernadotte wieder ausgeglichen, überwunden und die Schlacht bei Auerstedt "in ihren Folgen" letztlich "doch entscheidend" gemacht (Engels).

Diese "folgenschwere Entscheidung" fiel am Abend und in der Nacht des 14. Oktober sowie im Verlaufe des folgenden Tages. Jede der beiden geschlagenen preußischen Armeen hoffte - in völliger Unkenntnis der Situation - bei ihrem Rückzug auf die unversehrte, kampffähige Nachbararmee zu stoßen und von deren intakten Einheiten schützend aufgenommen zu werden. Das Zusammentreffen der Reste der bei Jena zermalmten Divisionen und Regimenter der Armee des Fürsten Hohenlohe mit den besiegten Truppen von Auerstedt führte zum Chaos. Den Niederlagen folgte der Zusammenbruch. Franz Mehring hat diesen Zusammenbruch, das Ende jenes "historischen Schicksalstages", mit der ihm eigenen Darstellungskunst großer Geschichtsschreibung geschildert. Wir können es nicht treffender sagen:

"War das Heer von Auerstedt nicht so völlig geschlagen wie das Heer von Jena; war ihm der Weg, den es zur Elbe einschlagen wollte, durch Davout verlegt, so blieb ihm noch die Straße über Artern an der oberen Unstrut, die einzige, auf der es hoffen konnte, die Elbe vor den Franzosen zu erreichen. Aber hier griff wieder der Unverstand des Königs hemmend ein; er sehnte sich nach seinen Hohenlohe und Rüchel, bei denen er Trost in Tränen zu finden hoffte, und befahl den Rückzug auf Jena und Weimar. Nicht lange, und ihn ereilte die Kunde von dem, was bei Jena geschehen war. Bei Weimar leuchteten schon die Wachtfeuer der siegreichen Franzosen, der Weg nach Erfurt war gesperrt. So bog man nach rechts ab, um über Sömmerda, Nordhausen und den Harz nach Magdeburg zu gelangen. Bei Buttelstedt flossen die Ströme der Flüchtlinge von Jena und Auerstedt zusammen, und nun ging verloren, was die Bataillone, die bei Auerstedt gekämpft hatten, noch an innerem Halt besaßen. Es kam die Nacht, von der Gneisenau später sagte: 'Lieber hundertmal sterben, als das noch einmal erleben', von der eine amtliche Darstellung erzählt: 'Keiner kannte die Gegend und die Wege; Boten waren nicht aufzutreiben; Infanterie, Kavallerie, Bagagewagen, Geschütze drängten sich zu wirren Klumpen in den tief eingeschnittenen Hohlwegen zusammen. Man hörte aus den dichten Kolonnen heraus Flintenschüsse... Einzelne geschlossen gebliebene Abteilungen, wie das Gardegrenadierbataillon, wurden in die flüchtigen Massen hineingerissen.' So wälzte sich die breiartige Masse dahin, stockend und stolpernd bei jedem Schritt und doch mit unaufhaltsamer Schnelligkeit . . ."

Die panikartige Flucht der Armeen zog die moralische Katastrophe nach sich. Es folgten die bekannten, schmählichen Kapitulationen der wichtigsten, in der Regel gut ausgestatteten Festungen, wie z. B. Erfurt (16. 10.), Magdeburg (8. 11.), Stettin (30. 10.) oder Küstrin (31. 10), deren zum Teil 70- oder gar 80jährige Kommandanten diese Plätze ohne ernsthaften Widerstand preisgaben. Nur an wenigen Orten wurde hartnäkkiger Widerstand geleistet, beispielsweise in und bei Lübeck durch Blücher mit dem Rest seiner Truppen, vor allem aber in der kleinen pommerschen Festung Kolberg, wo sich die Bürgerschaft unter Joachim Nettelbeck und die Garnisonstruppen unter Gneisenau zu gemeinsamer Verteidigung vereinten. Auf dem Rückzug in Richtung Brandenburg-Pommern lösten sich die zusammenschmelzenden Reste ganzer Bataillone und Regimenter "von selbst" auf; viele Soldaten "verschwanden", je näher man der Heimat kam; die Söldner desertierten. Charakteristisch war folgende Episode: Als es bei Eisenach einem kleinen, kühnen preußischen Husarendetachement gelang, rund 10 000 in Erfurt Gefangengenommene zu befreien, weigerte sich die Mehrzahl der Befreiten entschieden, den Kampf wieder aufzunehmen, sondern ging einfach "nach Hause", wo für Preußens und Sachsens Bauernburschen die letzten Erntearbeiten warteten. Für wen und für welches Vaterland sollte gekämpft werden, wenn der preußische Gouverneur von Berlin, ein Graf Friedrich Wilhelm von der Schulenburg-Kehnert, auf die Nachricht von der Nieder-

FRIEDRICH WILHELM III. KÖNIG VON PREUSSEN (1770-1840), Reproduktion. Privatbesitz R. Heyne

lage bei Jena und Auerstedt in einem berühmt-berüchtigt gewordenen Aufruf betonte, daß d e r K ö n i g eine Bataille verloren habe, Ruhe die erste Bürgerpflicht sei, d. h. eine Volkserhebung untersagte und damit deutlich machte, daß es in d i e s e m Kriege keine Gemeinsamkeit zwischen den Volksmassen und der herrschenden Klasse gab.

Nur zwei Wochen nach Jena und Auerstedt, am 28. Oktober, kapitulierte bei Prenzlau in der Uckermark der Rest der unter Hohenlohes Kommando gestellten preußischen Hauptarmee.

"Ich beschließe mit dem heutigen Tage meine militairische Laufbahn. Ich werde Sr. Majestät, unserm Könige, von allem Vorgefallenen einen getreuen Rapport abstatten, und ihn bitten, mein Verhalten vor einem Kriegsgerichte auf das strengste prüfen zu lassen. Ich glaube den Schritt, den ich jetzt thun werde, vor Gott und meinem Gewissen verantworten zu können, und meyne, daß mein bisheriges Leben mich von der Nothwendigkeit freyspricht, durch die unnütze Aufopferung von mehreren tausend Menschenleben, meinen persönlichen Ruhm auf eine dennoch zweydeutige Weise zu begründen."[33]

Es waren noch ca. 10 000 Mann jener mehr als 100 000, die vor dem 7. Oktober im Thüringer Raum siegessicher zum Angriff bereitgestellt worden waren. Napoleon hatte recht behalten, als er bereits am 15. Oktober triumphierend von Jena aus verkündete, daß er mit dem "Ergebnis der Schlacht von gestern die Eroberung aller dem Könige von Preußen diesseits (westlich) der Weichsel gelegenen Gebiete" vollzogen habe.

Für Napoleon war "die Schlacht von gestern" einzig und allein die "Schlacht bei Jena", und sie war s e i n Verdienst. Als er am Morgen des 15. Oktober von einem Adjutanten des Marschalls Davout die Meldung vom Sieg über das preußische Hauptheer bei Auerstedt erhielt, soll er diesen mit den harten Worten: "Ihr Marschall sieht wohl doppelt?" grob abgefertigt haben. Im schwungvollen Jenaer Bulletin vom 15. Oktober über die französischen Erfolge, welches - so ist exakt nachgezählt worden - in der "Correspondance de Napoléon" 213 Zeilen umfaßt, wurde die von Davout selbständig geschlagene Schlacht bei Auerstedt mit 8 Zeilen abgetan! Als die Tatsachen von Auerstedt jedoch nicht mehr angezweifelt werden konnten, bemühte sich Napoleon sehr, das eigene Verdienst nicht in den Schatten rücken zu lassen. Er stellte die Sache so dar, als ob Davout lediglich den "rechten Flügel" befehligt und ganz nach seinen, des Kaisers Angaben gehandelt habe. Dies war zweifellos keine Lüge, jedoch nur eine Teilwahrheit bzw. eine Überspitzung, die der Rolle des Marschalls nicht gerecht wurde. Aber vor den Augen der Welt und der politischen Presse mit ihrem Blick auf die künftige Geschichtsschreibung stand Napoleon als überragender Sieger des 14. Oktober fest. Sobald jedoch die eigene Eitelkeit befriedigt, das kaiserliche Ruhmbedürfnis nicht mehr gefährdet wurde, war Napoleon gern bereit, Großmut zur Schau zu stellen. "Wegen seiner schönen Haltung in der Schlacht bei J e n a" erhielt Davout das Recht, als erster in Berlin mit seinen Truppen einzuziehen (25. 10.), noch vor dem Kaiser und der Garde. Zwei Jahre später, am 2. Juli 1808, verlieh Napoleon seinem ehemaligen Schulkameraden der Militärschule zu Brienne den Ehrentitel "Duc d'Auerstaedt" - Herzog von Auerstedt.

Das Leben in Berlin ging nach dem Einmarsch der Franzosen und der bis zum 25. November währenden Anwesenheit Napoleons ohne allzu große Veränderungen weiter. An Stelle des geflohenen preußischen Königs residierte der Kaiser im Berliner Schloß. Obwohl offiziell kein Friede geschlossen war, leisteten die in der Hauptstadt gebliebenen Minister und die gesamte Beamtenschaft dem französischen Sieger den Treueeid: "Das zivile Gerüst des altpreußischen Staates brach noch jämmerlicher zusammen als sein militärisches" (Mehring).

Preußische Kriegskasse. Eisenkunstguß mit Militaria-Reliefs. Auf der Flucht versenkten die geschlagenen Preußen diese Kasse der Hauptarmee (Auerstedt) im Dorfteich von Niedertrebra bei Apolda. Die Gemeinde meldete den Fund später dem preußischen König, der die Kasse bergen ließ. Der Tresor verblieb im Besitz der Gemeinde, die ihn um 1830 nach Camburg versteigerte. Das Camburger Heimatmuseum stellte dieses Objekt der Gedenkstätte 1806 in Cospeda zur Verfügung.

Infolge der Ausschreitungen französischer Truppen entstandener Brand in der Jenaer Johannisstraße; Transport von Verwundeten. Kolorierte Lithographie des Jenaer Kupferstechers Ludwig Heß nach einer Vorlage des Jenaer Prospektstechers Christoph Gottlieb Pflug. Besitz: Museum Leuchtenburg

Während in Berlin wenig von den blutigen Schrecken der zurückliegenden Tage zu spüren war, der Kaiser sich gnädig gab und schmeichlerisch als Wohltäter, Humanist und Freund des Friedens gefeiert wurde - "le bienfaiteur de l'humanité, l' ami de la paix" -, das preußische "Nationaltheater" unter Ifflands Leitung mit jetzt meist französischen Lustspielen wieder seine Pforten öffnete und ein Großteil von Berlins weiblichen Schönheiten mit stärker klopfenden Herzen den Einladungen zu den erregenden Bällen der französischen Garnison folgte, litten die Menschen um Jena und Weimar, Vierzehnheiligen und Auerstedt schwer unter den Nachwirkungen der Schlacht. Die Leichenfledderer hatten, kaum daß die Kämpfe vorüber waren, ihr ekelhaftes Handwerk begonnen; die Toten wurden mühsam und lieblos, zum Teil in Massengräbern, verscharrt. Die Ärzte begannen ihren oft erfolglosen Kampf um die Rettung der Schwerverwundeten, die zunächst vor allem in den Kirchen der Dörfer untergebracht wurden , während Jena mit seinem alten Schloß, der großen Stadtkirche und seinen Gasthäusern zu einer Art Hauptlazarett und Sammelstätte der Gefangenen bestimmt worden war, verbunden mit der Furcht vor ausbrechenden Seuchen. Allmählich kehrte die geflohene Dorfbevölkerung zurück und stand vielerorts vor ihren demolierten Häusern. "Den Tag gingen wir wieder nach Hause zu, auf dem Wege aber wurden wir geblündert, da nahmen sie uns das Geld, Proviand und Kleidungsstücke, was ihnen beliebte . . . Zu Hause trafen wir Alles in lauter Zerrüttung an: Im Dorfe, und ums Dorf, u. in den Höfen u. Häusern sah es aus: wie in einem Viehstall von Stroh und anderen Sauerey, kein Thür war mehr ganz was zugeschlossen war die Häuser nach belieben ausgeblündert und statt dessen mit geblessierten (Verwundeten) angefüllt: Sogar unsere Kirche hatten sie aufgebrochen und blessierte neun gelegt, die Kranken mit den Tüchern in der Kirche zugedeckt . . . Es liegen in unserem Dorfe etzl(iche) 50 Mann begraben, selbst hinter unserer Kirche ward ein großes Grab gemacht und auf dem Gemeinde Acker an der Straße auch in jedem liegen über eine Mandel (15) Mann begraben. Die übrigen liegen einzeln im Felde herum . . ." (I. G. Wackernagel, Lützeroda, 15. Oktober 1806).

"Wenn wir schon ein grauenhaftes Bild von dem Rückzuge und der Flucht des geschlagenen Heeres zu geben hatten, so ist doch das Bild von dem hinter uns liegenden Schlachtfelde noch bei weitem grauenhafter. Bei dem Rückzuge bewegen sich Jammer, Elend, Schmach und Schande, Noth und Verzweiflung noch von der Stelle, hier aber liegt all dies Unheil unter den furchtbarsten Qualen am Boden festgebannt. Tausende von Verwundeten und gräßlich Verstümmelten wimmern, wehklagen, beten und fluchen, und erheben, - ach! nur von ihren Leidensgefährten gehört, das entsetzlichste Jammergeschrei durch die finstere stürmische Nacht. Nirgend ist für die Unglücklichen gesorgt, der Fliehende muß den zum Tod verwundeten Bruder zurücklassen, und, führt die verlorene Schlacht eine geschlagene Reiterschaar oder fliehende Kanonen über das Feld, wo die verwundeten Kameraden liegen, - ohn' Erbarmen geht es darüber hin, daß nicht ein Gebein von denen, die am Boden liegen, heil bleibt."[34]

Die Angaben über die Zahl der Toten und der Verluste in der Schlacht schwanken und sind sehr unterschiedlich, so daß sich die Wissenschaft zum Teil nur auf Berechnungen oder Schätzungen angewiesen sieht. Bis zum 14. Oktober sollen bei den Preußen und Sachsen rund 5 700 Tote, Verwundete oder Vermißte gezählt worden sein, darunter allein bei Saalfeld ca. 1 800 Mann. Für die Schlacht bei Jena findet sich auf dem 1906 in Vierzehnheiligen errichteten Denkmal die offenbar auf gründlichen Forschungen beruhende Inschrift: "Von den preußisch-sächsischen Truppen fielen in der Schlacht bei Jena oder starben an Wunden: 53 Offiziere, darunter 14 Stabsoffiziere und etwa 1 100 Mann. Verwundet wurden 271 Offiziere, darunter 9 Generale, 36 Stabsoffiziere und etwa 6 000 Mann." Diese Zahlen sind wahrscheinlich noch zu niedrig, da sie die durch die Verfolgung und die Auflösung der Truppen erfolgten Verluste nicht mit erfassen und erforschen konnten. Bei den Gefangenen gibt es nur die Zahl von ca. 6 000 Sachsen (35% der sächsischen Gesamttruppen); die der Preußen wird auf 10 000 geschätzt. Für Auerstedt hat Davout - wahrscheinlich etwas übertrieben - 15 000 tote und verwundete Preußen gemeldet (das wären ca. 30% der Armee), dazu 3 000 Gefangene und die Eroberung von 115 Geschützen; die eigenen Verluste bezifferte er auf über 7 000 Tote und Verwundete (ca. 25,5% der Armee). Für die Schlacht bei Jena gibt es nur für einige französische Divisionen exakte Verlustzahlen, so daß die Gesamtzahl in der wissenschaftlichen Literatur auf 7 - 8 000 tote und verwundete Franzosen geschätzt wird. Somit sind für Jena und Auerstedt insgesamt an Toten, Verwundeten (und Vermißten) etwa anzusetzen:

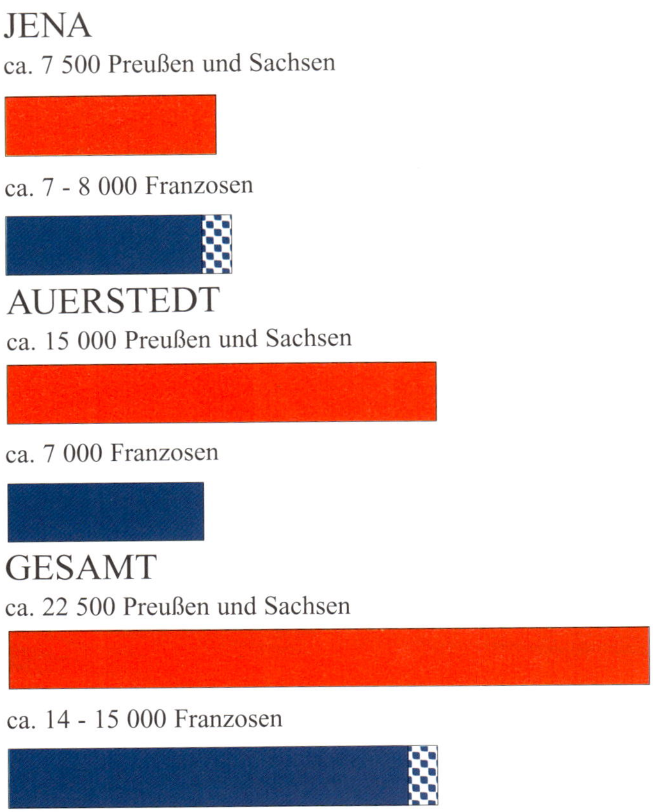

Die angeführten Verluste der Schlacht bei Jena und Auerstedt bleiben weiterhin relative Angaben.

Aus der Fülle der literarischen Zeugnisse sind die bereits benannten Zahlen mehrfach zu finden. Dazu gibt es auch Abweichungen, die niedrigere Quoten benennen.

Unter Berücksichtigung der Quellen und der Betrachtung aus heutiger Sicht bleibt eine Dunkelziffer bestehen. Die Tendenz geht nach oben, wenn man die Menge der Verwundeten einbezieht, die sich sofort von der Truppe abgesetzt haben und jene, die auf dem Rückzug noch blessiert wurden.

Die aufgeführten Maximalangaben müssen deshalb nicht die tatsächliche Obergrenze der Verluste bilden.

Einige Beispiele für Verlustangaben:

Sachsen bei Jena

"die Tirailleurs erkletterten den Rand der Schnecke und postierten sich in den Büschen und an den Hängen, von wo sie das sächsische Bataillon Niesemeuschel mit einem Hagel von Flintenschüssen begrüßten, durch welche es binnen kurzem 60 bis 70 Verwundete zählte. Einige Zeit hielt es sich noch, bis es durch die feindliche Kolonne, welche durch den Isserstädter Forst gegangen war, im Rücken beschossen wurde. Nachdem das Rüchelsche Korps ebenfalls geworfen worden war, gab General Zeschwitz Befehl zum Rückzuge, welchen die Brigade Nehrhof in geschlossenen Vierecken antrat und mehrere feindliche Kavallerie-Angriffe abschlug. Von ihrer eigenen Kavallerie verlassen, konnten die Sachsen, zumal ihnen die Munition ausgegangen war, den wiederholten Angriffen der sie umringenden französischen Husaren nicht widerstehn. Die Jäger versuchten vergebens Massen zu formiren, sie wurden überritten. Die Sachsen machten wie auf Kommando links um, warfen die Gewehre fort und liefen in Klumpen an der Chaussee zusammen, wo nun die feindliche Kavallerie von beiden Seiten in die wehrlose Mannschaft einhieb und was nicht niedergehauen wurde, gefangen nahm."[35]

Hohenlohes Verluste

"Da Alles auseinandergesprengt wurde und nach allen Richtungen davonlief, ist niemals der Verlust auf Seiten der Preußen amtlich festgestellt worden. Nur so viel weiß man, daß die Preußen 30, die Sachsen 19 todte, die Preußen 168, die Sachsen 95 verwundete Officiere hatten."[36]

Rüchel bei Kapellendorf

"Das Regiment Larisch wickelt sich zuerst rottenweis ohne Befehl zurück, da es seinen Kommandeur und fast alle Kompagnie-Chefs verloren hat; die Bataillone der anderen Regimenter folgen diesem Beispiel. Alle Mühe ist vergebens, die Truppen weiter rückwärts wieder zu formiren; der General Rüchel steuert auch dem Rückzuge nicht, weil er sieht, daß gegen solche Uebermacht an ein Halten nicht zu denken ist. Die Franzosen folgen; ihre Kavallerie greift an und nimmt ganze Haufen gefangen.

So verschwand das Rüchelsche Korps nach einem kaum halbstündigen Gefecht vom Kampfplatz und dennoch mit ungeheurem Verluste."[37]

Rückzug bei Weimar

"Als nun die Kugeln auf der Chaussee und in das Gehölz schlugen, geriethen die Truppen, die bereits im Abmarsch waren und sich in völliger Sicherheit wähnten, in die größte Bestürzung; ein großer Theil warf die Gewehre weg, Kavallerie, Artillerie, Alles jagte die steile Straße nach Weimar hinab. An ein Aufhalten der Flüchtlinge, die so eben erst gesammelt worden, war natürlich nicht zu denken. Einzelne Officiere boten allen Muth, Fluchwörter und Fuchtelhiebe auf, um die Flüchtigen zum Stehen, die andringenden Feinde zum Zurückweichen zu zwingen. So thaten der Major von Oppen vom Dragoner-Regiment Wobeser und Major Schorsee vom Regiment Treuenfels Wunder der Tapferkeit, das Füselierbataillon Ernest war das letzte auf dem Platze und wurde an der Ilmbrücke, welche zur Stadt führt, niedergehauen."[38]

Friedensfahne von 1807 aus Camburg (Saale).
Besitz: Museum Camburg

Die Leiden der Bevölkerung, aber auch die der Verwundeten oder der Gefangenen sind in zahlreichen Schilderungen von Zeitgenossen überliefert. Der Krieg und seine Folgen waren furchtbar. Das Weimarische Land zahlte für den militärischen Ehrgeiz seines Landesherrn mit 2 200 000 Francs Kontributionen und mußte dem "Rheinbund" beitreten (Vertrag zu Posen vom 15. Dezember 1806). In der Stadt Weimar, die im Vergleich zu Jena fast glimpflich wegkam, wurde die Bevölkerung im Ergebnis der Plünderungen usw. binnen eines Tages und zweier Nächte um rund 140 000 Reichstaler ärmer, verlor mehr als 3 000 Stück Zug- und Schlachtvieh, fast 7 000 weimarische Scheffel Getreide, dazu Wäsche im Werte von über 56 000 Taler, Silberwerke von über 20 000 Taler, Möbel von ca. 11 000 Taler, sonstige Gegenstände in Höhe von rund 7 000 Taler sowie (umgerechnet) ca. 71 000 Liter Wein, Bier und Branntwein. Über die Situation in Jena, wo im Laufe der Plünderungen ein ganzer Stadtteil (20 Häuser) abbrannte*) und 6 - 7 000 Verwundete untergebracht wurden, von denen etwa jeder Zehnte gestorben ist, hat u. a. die bekannte Malerin Louise Seidler eine lebendige Schilderung hinterlassen. Sie erlitt die Folgen der Schreckenstage von 1806 als zwanzigjähriges Mädchen mit ihren Eltern im alten Jenaer Schloß, die hier in einer Bedienstetenwohnung lebten:

Am Tage nach der Schlacht, "am Mittwochmorgen kam Napoleon mit seinem Adjutanten Coulaincourt in die Stadt; er bezog den Hauptflügel des Schlosses. Durch ein Fenster unseres Vorsaals konnte ich ihn beobachten, wie er lange sinnend am Fenster des gegenüberliegenden Zimmers stand, in den Händen seine Uhr haltend, deren Kette er langsam durch die Finger gleiten ließ. Später schritt er in dem Gemache auf und nieder, wahrscheinlich seinem Sekretär, welcher eifrig schrieb, ein Bulletin diktierend. Im Schlosse wurde es sehr lebhaft; in allen Räumlichkeiten desselben quartierten sich hohe Offiziere ein, auch bei uns . . . Es war ein feuchter, naßkalter Tag. Im Hofe standen die Offiziere eines gefangenen sächsischen Regiments, unter ihnen der alte General Niesemeuschel, dessen schneeweißer, entblößter Kopf mit einer blutigen Binde umwunden war . . . Das Schloß wurde (nach der Abreise Napoleons am 15. 10.) zum Lazarett eingerichtet; jeden Morgen um 9 Uhr rasselte mit grauenvoller Pünklichkeit der Totenwagen heran, um bald darauf wieder mit seiner schauerlichen Fracht - die nur leicht mit Stroh bedeckt war, unter welchem oftmals Köpfe, Arme, Beine hervorstarrten - durch das Tor zurückzufahren, dessen Flügel sich knarrend hinter ihm schlossen. Pechpfannen mit Teer wurden angezündet, um die durch die Ausdünstungen der Kranken und Gestorbenen verpestete Luft zu reinigen und epidemische Krankheiten zu verhüten. Noch viele Tage nach der Schlacht wurden Schwerverwundete in grauenhaftem Zustande hereingebracht, welche mit Tau und Gras ihr Leben jammervoll gefristet hatten. Sobald sie in Pflege kamen, starben sie meistens gleich . . . An Brunnenwasser fehlte es nach der Schlacht in ganz Jena, da das durchrasselnde Geschütz den Erdboden so erschüttert hatte, daß die Wasserröhren geplatzt waren. Man mußte sich mit Wasser aus der Saale behelfen, in welchem tote Pferde, menschliche Gliedmaßen, blutige Fetzen von Kleidungsstücken nicht selten herumschwammen. Handel und Wandel stockte völlig; die Sieger hatten sämtliche Nahrungsmittel ohne weiteres in Beschlag genommen. Wir konnten uns nur dadurch vor dem nagendsten Hunger schützen, daß wir von großmütigen Feinden Anweisungen, Bons genannt, erbettelten, für welche uns die Militärintendantur Fleisch und Brot lieferte. - Dieser schreckliche Zustand hielt verhältnismäßig lange an; erst gegen Anfang des neuen Jahres 1807 kam in die traurigen Verhältnisse der schwer heimgesuchten Stadt wieder einige Ordnung. Kirchen und Privathäuser wurden nach und nach von Blessierten leer; die Pechpfannen, die wochenlang unausgesetzt auf den Straßen gelodert hatten, erloschen; überall trat größere Ruhe beschwichtigend ein . . . Mein armes Mädchenherz aber blutete (in den folgenden Jahren) unter der eisernen Faust des Eroberers, wie das Herz von Königen und Kaisern. Ich litt mit den Franzosen, deren blühendste Söhne fort und fort zur Schlachtbank geführt wurden; ich litt nicht minder schwer mit meinen geknechteten Landsleuten. Doch hoffte ich auch zugleich mit Tausenden . . ."

*) Dieses Stadtviertel wurde nicht wieder aufgebaut, sondern als Platz gestaltet, auf dem die Jenaer Burschenschaft 1816 bzw. 1818 Eichen als Symbole des Friedens und des Sieges über Napoleon 1813/15 pflanzte ("Eichplatz"); nach 1945 umgebaut, erhebt sich an jener Stelle seit 1972 das Hochhaus der Universität.

Denkmal (schwedischer Granit, Bronze) für die Gefallenen der Schlacht bei Jena in Vierzehnheiligen, eingeweiht zur Hundertjahr-Gedenkfeier am 14. Oktober 1906. Initiator des Denkmals: Generalmajor a. D. Kunhardt von Schmidt. Künstler (unter "Mithilfe" des Kaisers Wilhelm II.): Prof. Max Unger (Berlin). Aufragendes Kreuz mit angelehnter zerschlissener preußischer Fahne sowie Eichenkranz auf Treppenpodest. Auf dem Kreuz Inschrift nach Theodor Körner: "Vergiß die treuen Todten nicht", ferner Zahlen- und Namensangaben von preußisch-sächsischen Gefallenen. Bezeichnend für die nationalistische Haltung im Jahre 1906: Dieses Denkmal wurde nur den deutschen, nicht den französischen Gefallenen gewidmet.

Grabstätte des Premierleutnants August Wilhelm von Bissing (geb. 1773) vom sächsischen Chevauxlegers-Regiment Prinz Clemens auf dem Schlachtfeld bei Rödigen. Blick auf den Sarkophag (Rückseite). Errichtet und eingeweiht 1858 im Auftrage von dessen Witwe, die hier ebenfalls beigesetzt wurde. Das klassizistische Denkmal aus Seeberger Sandstein zeigt auf dem Sarkophag die Attribute des Reiteroffiziers (Federhut, Degen, Mantel, Handschuhe), das Wappen des Gefallenen sowie Inschriften, die auf die Gattenliebe über den Tod hinweg verweisen. Auf der Vorderseite des Sarkophags befinden sich ein Relief mit zwei verschlungenen Händen sowie die berühmten Verse von Ludwig Uhland:
"Wenn du auf diesem Leichensteine
Verschlungen siehest Hand in Hand,
Dies zeugt vom irdischen Vereine
Der innig aber kurz bestand.
Es zeugt von einer Abschiedsstunde,
Wo Hand aus Hand sich schmerzlich rang,
Von einem heil'gen Erdenbunde,
Von einem himmlischen Empfang.

DAS HELDENMAL

Dereinst wird dieser glatte Sarkophag
Zerbröckeln, und der Eichenbaum
Schwillt drüberhin mit dunkler Mähne,
der heut ein Flaum.
An einem flackernden Novembertag,
Wenn Bläser Sturm die welken Blätter jagt
Und unterm Himmel leichte Wolkenkähne,
Kommt dann vielleicht ein Alter, schwach, am Stabe,
Und setzt sich auf die halb verfallne Bank
Zu kurzer Ruh.
"Wem gilt das Mal?" fragt, der ihn führt, der Knabe.
"Es war ein böser Krieg vor grauen Zeiten,
Und viele starben, die wie du
Jung, rank und schlank.
Hier haben ihrer Trauernde gedacht.
Nun sind sie längst vereint in Ewigkeiten.
Doch wer den Mut hat und um Mitternacht,
Erzählte jüngst ein Hirt,
Der hier vorüberzog mit seiner Herde,
Das Ohr an diese Trümmer legt und lauscht,
Vernimmt, wie's drunten wie von Schwertern klirrt
Und wie es tropft - und tropft - und rauscht.
Ist's Blut? Vielleicht auch, sagt man, weint die Erde."

R. Huch

Quellenanhang

Zur unterlassenen Verteidigung der Berghänge bei Jena; wider alte Legenden

"Die Besserwisser, die nie alle werden, und gegen die selbst Götter vergebens kämpfen, machen sich die Geschichte höchst leicht: Wie einfach und selbstverständlich wäre es gewesen, Napoleon gar nicht erst auf den Landgrafenberg hinaufkommen zu lassen; ein paar Schützen hätten ihn daran hindern können. Natürlich, als er erst oben war, war nichts mehr zu machen. Aber die Generale Tauentzien und Hohenlohe hatten die Bedeutung des Landgrafens nicht erkannt, und so mußte eben die Schlacht verloren gehen.

Nun wissen wir zwar, daß Tauentzien und Hohenlohe die Umgebung von Jena nicht erst seit dem Oktober 1806 gekannt haben. Hohenlohe weilte zunächst schon seit dem 2. Oktober 1806 in Jena, hatte also vollauf Zeit, sich auch einmal unsere schöne Umgebung nicht nur wegen seines bunten Herbstlaubes anzusehen. Er hatte aber auch schon 1805 in Jena in Quartier gelegen; ebenso im März 1806. Beides waren im übrigen viel zu erfahrene Soldaten, als daß sie sich nicht ohne weiteres beim Anblick der Steilhänge des Landgrafens die Frage vorgelegt hätten, wie und ob sie zu verteidigen wären.

Dazu kommt, wie schon Lettow-Vorbeck und nach ihm Taysen nachgewiesen haben, daß mit den Truppen, die Tauentzien zur Verfügung hatte, damals der Landgrafenhang gar nicht hätte verteidigt werden können. Eine wirksame Verteidigung wäre nur möglich gewesen, wenn die Preußen hier über ausreichende Artillerie verfügten. Das war nicht der Fall. Tauentzien hatte überhaupt nur vier Bataillonsgeschütze des Regiments Zweiffel und eine halbe Batterie eigener Artillerie. Damit aber konnte kein wirksames Artilleriefeuer geleistet werden. Damit war aber auch die ganze Bedeutung der Hänge erschöpft, denn mit Infanteriefeuer war nichts zu erreichen. Erstens waren die Hänge des Landgrafen und die Sonnenberge damals vollauf mit Weinstöcken bewachsen, und diese boten den heraufkletternden Franzosen soviel Dekkung, daß sie selbst bei lebhaften Gewehrfeuer vorwärts dringen konnten, ganz abgesehen davon, daß die preußischen Gewehre damals nur etwa 150 Schritt weit trugen. Dazu kam, daß der Steiger von der Langrafennase aus damals gar nicht unter Gewehrfeuer genommen werden konnte, weil ein Kiefernwäldchen, das heute nicht mehr steht, jede Uebersicht unmöglich machte. Wobei es mehr als wahrscheinlich ist, daß sich die Franzosen im Schutze des Nachtdunkels zwischen den Weinstöcken hinaufgeschoben und nicht den Preußen bei Tageshelle die Möglichkeit gegeben hätten, das Feuer zu eröffnen. Hätte aber Tauentzien den Apoldaer Steiger dadurch gesperrt, daß er seine wenigen Soldaten längs der Steilränder der Landgrafennase und der Sonnenberge weit auseinander in Schützenkette verstreut hätte (eine Formation, die nach der gesamten Taktik jener Zeit völlig außer dem Bereiche jeder Denkbarkeit lag), so wären ihm die Franzosen eben doch plötzlich durch das Ziskauer-, Munke-, Cospedaer- oder Rauthal in den Rücken gekommen.

Es kann eben gar nichts Falscheres geben, als unsere heutigen Gewohnheiten und Erfahrungen von Leuten vorauszusetzen, die vor einem Jahrhundert davon gar keine Ahnung haben konnten!"

Herbert Koch: Die Schlacht bei Jena. Wider alte Legenden. In: Sonderdruck aus dem Jenaer Volksblatt, 14. Okt. 1926, S. 11.

Heinrich Heines Einschätzung zur Persönlichkeit Napoleons

"Es ist wahr, es ist tausendmal wahr, daß Napoleon ein Feind der Freiheit war, ein Despot, gekrönte Selbstsucht, und daß seine Verherrlichung ein böses, gefährliches Beispiel.
Es ist wahr, ihm fehlten die Bürgertugenden eines Bailly, eines Lafayette, und er trat die Gesetze mit Füßen und sogar die Gesetzgeber ...

Aber es ist nicht dieser libercitide Napoleon, nicht der Held des 18. Brumaire, nicht der Donnergott des Ehrgeizes, den ihr die glänzendsten Lichtspiele und Denkmale widmen sollt.
Nein; es ist der Mann, der das ganze junge Frankreich dem alten Europa gegenüber repräsentierte, dessen Verherrlichung in Frage steht: in seiner Person siegte das französische Volk, in seiner Person ward es gedemütigt, in seiner Person ehrt und feiert es sich selber- und das fühlt jeder Franzose, und deshalb vergißt man alle Schattenseiten des Verstorbenen und huldigt ihm ...."

Heines Ausgewählte Werke in sechs Bänden. Hrsg. v. Hartwig Jeß, Leipzig o. J., VI. Band, S. 106.

Arndt über Napoleon (Auszug)

"Ich sage nicht, daß bei Bonaparte alles absichtlich und listig ist. Er würde nie Großes getan, nie den Purpur angezogen haben, wenn dies wäre; ich sage nicht, daß er der verruchte Bösewicht ist, wozu ihn manche im Haß machen. .. Man darf den Fürchterlichen so leicht nicht richten, als es die meisten tun in Haß und Liebe. Die Natur, die ihn geschaffen hat, die ihn so schrecklich wirken läßt, muß eine Arbeit mit ihm vorhaben, die kein anderer so tun kann. Er trägt das Gepräge eines außerordentlichen Menschen, eines erhabenen Ungeheuers, das noch ungeheurer scheint, weil es über und unter Menschen herrscht und wirkt, welchen es nicht angehört. Bewunderung und Furcht zeugt der Vulkan und das Donnerwetter und jede seltne Naturkraft, und sie kann man auch Bonaparten nicht versagen."

Friedrich Schulze (Hrsg.): Die Franzosenzeit in deutschen Landen 1806-1815. I. Bd., Leipzig 1908, S. 9f.

NAPOLEON
Den Ersten des Jahrhunderts
Einzig als Held und Staatsmann
dem gegenwärtigen Zeitalter Zierde
dem künftigen Muster
Den Gründer des Germanischen Bundes
ein Schrecken seinen Feinden
den Seinen holde Liebe
Dessen
Hoheit
die Unsterblichkeit im voraus feyert
begrüßt
das durch Ihn sich wiedergegebene
von Ihm beglückte
dankbare Sachsen.

Maueranschlag: Dokument deutscher Napoleonverherrlichung
(Jostsche Sammlungen in Leipzig)

Friedrich Schulze (Hrsg.): Die Franzosenzeit ind deutschen Landen 1806-1815. I. Bd., Leipzig 1908, S. 161

Napoleon als Wohltäter Deutschlands

(Aus der Schrift: Sibyllinische Blätter 1807)

"So ist Napoleon der größte Wohltäter der deutschen Nation, durch Tat und durch sein Beispiel. Er hat die deutschen Staaten vergrößert, konsolidiert, in die Reihe der Kontinentalstaaten eingeführt. Von ihm, dem man zumutet, daß er alles unterjochen wolle, datiert sich zuerst die Unabhängigkeit, die Souveränität der deutschen Fürsten. Unter seinen Fahnen blüht Gleichheit der Rechte aller Klassen der Staatsbürger, aller Religionen auf. Wo machte je ein Sieger Forderungen der Kultur zu Friedensbedingungen, wie Napoleon es tut? - Er erspart uns blutige Revolutionen, die der fortschreitende Zeitgeist notwendig gemacht hätte, indem er den deutschen Fürsten Beispiel und Hilfe bietet, sie selbst, ohne Einwirkung der rohen Menge zu bewerkstelligen, und sie eben durch ihre Leitung so segensvoll für ihre Völker zu machen, als Napoleon die schreckliche französische Revolution, diesen Anfang der großen europäischen, für Frankreich machte. Schon jetzt fängt Süddeutschland die Früchte eines durch mächtigen Schutz gesicherten Staaten-Bundes zu fühlen an, und bloß bei seinen Fürsten steht es, wie weit sie zur Reife der Kultur ihrer Völker das benutzen wollen, was Napoleons Riesengeist ihnen vorarbeitete, und wodurch er ihren Herrschertalenten Spielraum gab, sich zu entwickeln. Klopstocks schöner Traum, dem er erst in einem Jahrhundert Erfüllung zu versprechen wagte, ist ihr dadurch um ein halbes nähergerückt!"

Friedrich Schulze (Hrsg.): Die Franzosenzeit in deutschen Landen 1806-1815. I. Bd., Leipzig 1908; S. 13.

Berliner Spottvers (1812)

Warte,
Bonaparte,
Warte, Kujon,
Andre Woche, wir kriegen dich schon.

Ja der Russe, ja der Russ'
Hat uns gezeigt, wie man's machen muß:
Im ganzen Kremmel
Nicht eine Semmel,
Und auf den Hacken
Immer nur Hunger und Kosacken -
Ja der Russ'
Hat uns gezeigt, wie man's machen muß:

Hin ist der Blitz
Deiner Sonne von Austerlitz,
Unterm Schnee
Liegen all deine Corps d'Armée.

Warte,
Bonaparte,
Warte, Kujon,
Andre Woche, wir kriegen dich schon.

Theodor Fontane: Gedichte. Kleine Prosa.
Berlin 1961, S. 243.

Napoleon ließ im Herbst 1811 folgende Stelle aus Corneilles Heraclius streichen:

"Denn wer wie ich, ein Sprosse dunkler Herkunft,
durch Aufruhr sich den Weg zur Macht gebahnt,
vom Kriegsmann sich zum Kaiser aufgeschwungen,
hat anders nicht als durch ein schwer Verbrechen den Thron erobert."

Franz Herre: Napoleon Bonaparte. 3. Aufl.,
München 1989, S. 281.

Friedrich Wilhelm III. (1797-1840)

Die charakterlichen Stärken des Königs lagen in seiner Tugendhaftigkeit und Religiosität. Bescheidenheit, Zurückhaltung, Pflichttreue und Herzensgüte zeichneten ihn aus. Seine Schwächen als Regent äußerten sich im zähen Festhalten an Althergebrachtem und in der Ablehnung von Neuerungen. Ausgeprägte Züge von Unentschlossenheit und Unsicherheit wirkten sich negativ aus.

Dadurch stießen reformerische Bestrebungen im zivilen wie militärischen Bereich auf den Widerstand Friedrich Wilhelms.

Diese Führungsschwäche zeigte sich vor allem bei der anstehenden Lösung staatlicher Probleme, die 1806 dadurch folgerichtig Preußen zum Verhängnis wurden.

In einem Brief Königin Luises an ihren Gatten vor der Schlacht am 14. Oktober:

"Ich darf Dich noch einmal bitten, nehme mehr Zutrauen zu Dir selber und führe das Ganze. Es geht gewiß besser."

Bernhard Rogge: Königin Luise. Liegnitz 1910, S. 64.

Nach einer Einschätzung von A. von Boguslawski:

"König Friedrich Wilhelm III. nimmt ohne Zweifel in der preußischen Geschichte eine ehrenvolle Stellung ein. Ich persönlich schließe mich der Beurtheilung Treitschkes größtenteils an. Daß er die Sittlichkeit wieder auf den Thron zurückführte, kann man kein absolutes Verdienst nennen, aber er besaß die überlieferte Tapferkeit der Hohenzollern und bewies bei mehreren Gelegenheiten auf dem Schlachtfelde richtigen taktischen Blick. Sein abwägender Verstand hat ihn in manchen Situationen das Richtige treffen lassen, so ohne

Zweifel 1809, in der Stiftung des Zollvereins u.s.w. - aber die Schuld an der Katastrophe von 1806 trifft mit in erster Linie die unterlassene Reform der Wehrverfassung, also - den König."

A. von Boguslawski: Armee und Volk im Jahre 1806. Berlin 1900, S. 31.

Brief Friedrich Wilhelms III. an Napoleon vom 15. Oktober 1806

"Mein Herr Bruder, Ich habe den Brief, welchen Ew. Kais. Majestät an mich unter dem 12. dieses Monats zu richten mir die Ehre erzeigten, nicht eher, als gestern früh erhalten, nachdem unsere Vorposten bereits handgemein geworden waren. Die Gesinnung, welche sie darin, ungeachtet der, in der letzten Zeit zwischen uns stattgefundenen Differenzen, offenbaren, machen ihn mir sehr kostbar (précieuse) und ich erkenne darin zugleich den erhabenen Charakter Ew. Kais. Majestät und Ihre Neigung, viel lieber Glückliche zu machen, als das Blut so vieler Tausende von Menschen zu vergießen. Indessen gestatten mir Ew. Majestät mit der Freimüthigkeit, welche jedem Militär eigen sein muß, Sie zu versichern, daß ich glaube, ich würde in Ihren Augen verloren haben, wenn ich diesem Kampfe hätte ausweichen wollen. Ich muß gestehn, daß ich dabei gescheitert bin, allein ich glaube wenigstens Eurer Kaiserlichen Majestät den Beweis von der Tapferkeit meiner Truppen und von der Verwendung, welche man von derselben machen könnte, geliefert zu haben, was mich bei der Wunde, welche dieses Unternehmen meinem Herzen geschlagen hat, tröstet. Ew. Kaiserliche Majestät wünscht gern, sich mit mir zu verständigen und die Verbindungen, welche zwischen uns bisher in so glücklicher Weise bestanden, wieder fest knüpfen. Von ganzem Herzen biete ich hierzu die Hand und würde es mit derselben Bereitwilligkeit gethan haben, wenn das Glück meine Waffen begünstiget hätte. Lassen sie mich, Sire, die Bedingungen wissen, unter denen Sie alles, was uns veruneiniget (brouille), der Vergessenheit übergeben wollen, während unsere Freundschaft eine jede Probe zu bestehen im Stande sein wird und Sie werden mich bereit finden, zu allem, was uns für immer in Uebereinstimmung bringen kann, meine Zustimmung zu geben. Ihre erhabene Seele und Ihre Gerechtigkeitsliebe leisten mir zum voraus dafür Bürgschaft, daß Sie nichts verlangen werden, was gegen meine Ehre und gegen die Sicherheit meiner Staaten gerichtet wäre. Ich schlage deshalb Ew. Kais. Majestät einen Waffenstillstand vor, um nicht noch mehr Unglück anzurichten, anstatt uns darüber zu verständigen, das Glück unserer Unterthanen für alle Zeiten zu befestigen. Ich schreibe diese Zeilen in größter Eil, allein daß Herz dictirt sie mir. Hiermit bitte ich Gott u. s. w."

Fr. Förster: Neuere und neueste Preußische Geschichte. I. Bd., Berlin 1854, S. 785 ff.

Ortelsburger Publicandum wegen Abstellung verschiedener Mißbräuche bei der Armee vom 1. Dezember 1806

Bei der leider fast gänzlichen Auflösung der verschiedenen gegen Frankreich ins Feld gerückten Armee-Corps ist es Seiner Königlichen Majestät von Preußen bei dem gänzlichen Mangel an bewährten Nachrichten bis jetzt unmöglich geblieben, das Wahre vom Falschen, Gerüchte von Thatsachen zu unterscheiden, oder nach Verdienst belohnen oder bestrafen zu können; Sie müssen daher Ihre hierüber zu nehmenden Beschlüsse bis dahin aussetzen, wo Sie solches mit mehrerer Gewißheit und Bestimmtheit zu thun im Stande seyn werden. Seine Majestät sind weit entfernt, Ihrer braven Armee alle Drangsalen und Unglücksfälle zuzuschreiben, welche sowohl ihr selbst, als dem Lande begegnet sind, vielmehr gereicht es Ihnen zur größten Beruhigung, daß sich viele Theile derselben vom Ersten bis zum Geringsten durch ausdauernden Muth, Beharrlichkeit und wahres Ehrgefühl ausgezeichnet haben. Ebenso haben sich aber leider auch Thatsachen ergeben, die für sich selbst sprechen und keiner nähern Aufklärung weiter bedürfen, und die von der Art sind, daß solche nicht länger mit Stillschweigen übergangen, vielmehr zum warnenden Beispiel für die Zukunft auf das allerstrengste und öffentlich geahndet werden müssen. Hierunter sind zu rechnen: 1. Alle diejenigen so an der beispiellosen Art wie die Festungen Stettin, Küstrin, Spandau und Magdeburg sich dem Feinde übergeben haben, mehr oder weniger Antheil haben, 2. Ferner alle diejenigen Officiere, welche nicht bei dem capitulirenden Corps zugegen gewesen, sich aber freiwillig als hierzu gehörig angesehen und wohl gar ihre Cameraden oder selbst ihre Untergebenen zugeredet haben einen gleichen nichtswürdigen Entschluß zu fassen. 3. Endlich alle diejenigen, welche ohne Urlaub erhalten zu haben, oder gefangen zu seyn, sich von der

Armee weg und etwa nach Hause usw. begeben haben. [Hierzu ordnete der König an: . . .]

ad 3. Alle Officiere, welche während des Rückzuges ihre Corps verlassen haben, und ohne Urlaub oder gefangen zu seyn, in ihre Heimath zurückgekehrt sind; ferner alle diejenigen, welche ohne einmal zu einem durch Capitulation übergebenen Corps gehört zu haben, zum Feinde geritten seyn sollen, um sich Pässe geben zu lassen, damit sie ungehindert nach Hause gehen könnten, sind ohne Abschied entlassen.

Außerdem behalten Seine Königliche Majestät sich vor, noch besonders alle diejenigen Generale, hohe und niedere Officiere, auch Verpflegungs-Beamten, zur Verantwortung zu ziehen, deren Benehmen zweifelhaft geblieben, oder die sich sonst in den Augen der Armee etwas Pflichtwidriges haben zu Schulden kommen lassen. [. . .]

Um aber ähnlichen Pflicht-Vergessenheiten für die Zukunft vorzubeugen, haben Seine Königl. Majestät folgende Beschlüsse gefaßt: [. . .]

8. Die Officiere des General-Staabes mit ihren Adjoints theilen sich in der Führung der Colonnen, die sie unter keinerlei Bedingung verlassen dürfen. Die Zimmerleute der Bataillons sind an der Spitze der Colonnen, um sogleich die Wegebesserungen, Communikationen u. dgl. ausführen zu können.

Die Officiere des General-Staabes sorgen für alles, was die Erleichterung und Beschleunigung des Marsches befördern kann. Soll sich die Armee vor dem Feinde formiren, so suchen sie Richtwege und recognosziren die Beschaffenheit des Terrains an Ort und Stelle.

9. So lange der Krieg dauert, wird der Unteroffizier und Gemeine, wenn er sich durch Gewandheit und Geistes-Gegenwart besonders auszeichnet, so gut Officier, wie der Fürst. Nur der, welcher Verbrechen begangen, ist dem Officier-Range ausgeschlossen.

10. Wer sich ausgezeichnet hat und vor dem Feinde bleibt, dessen Wittwe erhält eine Pension, die mit dem Grade, den ihr Mann bekleidete, im Verhältniß steht.

11. Daß alle subordinationswidrige Vergehungen regelmäßig und auf das allerstrengste bestraft werden müssen, sollte eigentlich bereits einem jeden hinlänglich bekannt seyn. Da aber die Erfahrung in dieser letzten Zeit mehrmals das Gegentheil bewiesen, so wird es hiermit auf das Bestimmteste in Erinnerung gebracht, damit sich ein jeder vor Schaden hüte.

12. Geld-Erpressungen, Plünderungen, Mißhandlungen des Bürgers oder Landmannes und dergleichen grobe Excesse werden mit dem Tode bestraft.

13. Landeskinder, welche bei dem Feinde Dienste genommen haben, und mit den Waffen in der Hand betroffen, gefangen werden, werden ohne Gnade erschossen.

Dieses Publikandum, welches zur Wissenschaft eines jeden Officiers bestimmt ist, muß bei einem jeden Corps vorgelesen werden, und hat jeder einzeln hiervon Abschrift zu nehmen, um sich darnach zu richten.

Aus diesem Publikando ist ein Auszug zu machen, der diejenigen Punkte enthält, die zur Wissenschaft der Unterofficiere und Gemeine, wie auch der sämmtlichen Armee-Knechte bestimmt sind, und der ihnen in ihrer Landessprache deutlich vorgelesen werden muß. Letzteres ist alle 8 oder 14 Tage zu wiederholen, und muß ein Gleiches mit der früheren Verordnung wegen der Verdienst-Medaillen geschehen.
Ortelsburg, den 1. December 1806.
Friedrich Wilhelm.

Grundzüge der deutschen Militärgeschichte. Bd. 2, Arbeits- und Quellenbuch, bearb. v. Karl-Volker Neugebauer unter Mitwirkung v. Heiger Ostertag, Freiburg/Rombach 1993, S. 116 ff.

Bericht des preußischen Stabskapitäns Karl von Reitzenstein, der noch während der Schlacht bei Jena verwundet und gefangengenommen, den Zustand in der Stadt schilderte:

"Die gräßliche Zerstörung, welche wir dort antrafen", so schildert er das Aussehen der Stadt um diese Zeit, kurz vor Anbruch der Dunkelheit, "ist nicht zu beschreiben. Die [Fenster-] Läden waren geschlossen und fast alle Fenster und Thüren entzwei; auf der Straße sah man keine Bürger, nur französisches Militär oder preußische und sächsische Gefangene. Alles lief und ritt durcheinander; in allen Straßen und auf dem Markt waren von den Franzosen Feuer angemacht, wobei Menschen, Holz und Stroh durcheinander lagen. Unser Husar wollte uns nach der Kirche führen, doch war es schwer durchzukommen, weil wir durch eine Straße gehen mußten, deren Häuser in hellen Flammen standen. Nur wenige Menschen kümmerten sich ums Löschen, daher konnte das Feuer brennen wie es wollte. Als wir in die Kirche kamen, um verbunden zu werden, zeigte sich uns eine schreckliche Scene. Über 3 000 schwer verwundete Franzosen, welche jämmerlich schrieen und wimmerten, lagen in der Kirche. Wir gingen unverrichteter Dinge wieder fort, weil die Chirurgen zu viel zu thun hatten. Der Husar gab sich alle Mühe, um für uns einen Chirurgus aufzufinden, aber es war nicht möglich. Wir gingen dann aufs Rathhaus, um ein Billet zu erhalten, doch war da Alles so gedrängt voll, daß wir auch hier wieder abziehen mußten, ohne etwas zu erreichen. Hierauf trafen wir mehrere sächsische Officiere auf dem Marktplatz, und diese zeigten uns einen Keller, wo wir Bier und Brot bekamen ... Es kamen auch französische Offiziers dahin, die uns versprachen, einen Chirurgus zu verschaffen; auch nahmen uns dieselben mit auf ihre Stube, welche sich in demselben Hause befand und waren sehr artig gegen uns. Nun kam auch ein Chirurgus, welcher ... mich verband."

Gertrud Paul: Die Schicksale der Stadt Jena und ihrer Umgebung in den Oktobertagen 1806. In: Zeitschrift des Vereins für Thüringische Geschichte und Altertumskunde, Neue Folge, Neuntes Beiheft, Jena 1920, S. 80.

Aus Neidhardt von Gneisenaus Denkschrift vom 28. November 1806

". . . Die Unfähigkeit des Herzogs von Braunschweig, einen soliden Feldzugsplan zu entwerfen, die seinem Alter so gewöhnliche Unentschlossenheit, sein Feldherrnunglück, daß Mißtrauen der Armee in ihn, die Uneinigkeit der Koriphäen des Generalstabs, die Neutralisierung einiger der fähigsten Mitglieder desselben, unsere des Krieges entwöhnte Armee, der beinahe in allen Zweigen sichtbare Mangel an Vorbereitung zu demselben, die in den zeitherigen Friedensjahren zur Tagesordnung gewordene Beschäftigung mit nichtswürdigen Kleinigkeiten der Elementartaktik, für die Schaulustigkeit des Publikums erfunden, unser Rekrutierungswesen mit allen seinen Exemtionen, das nur einen Teil der Nation zu den Waffen verpflichtete, dessen Dienstzeit über die Gebühr verlängerte, der folglich mit Widerwillen diente und nur noch durch Disziplin zusammengehalten wurde; . . .

So sind wir zu der Demütigung gebracht, Hilfe und Rettung von unseren Nachbarn oder von einem schimpflichen Frieden erwarten zu müssen. Selbst dieser kann uns nicht helfen, denn er bleibt immer nur ein Palliativ. Der Geist unserer Armee ist verschlechtert, die Unfähigkeit mehrerer Generale manifestiert. Kein Zutrauen von unten, keine Willenskraft und keine Fähigkeiten von oben. Die noch helfen könnten, haben nicht mehr die Mittel dazu. Kleinmut herrscht beinahe überall, und das Zeitalter ist so kraftlos, daß die Idee, mit Anstand zu fallen, für eine poetische Exaltation gilt. Ob eine neue Dynastie über die Baltischen Länder herrschen soll, ist nicht dem Pöbel allein, nein, auch Männern in hohen Ämtern gleichgültig. Jeder will nur sich und seine Genüsse retten, und dem Ehrliebenden bleibt nichts übrig, als diejenigen zu beneiden, die auf dem Schlachtfelde blieben. Wohl kann unter gewissen Voraussetzungen die Monarchie noch gerettet werden, allein die Schande der Armee, die in Folge verschuldeter Unfälle zu einem Nichts dahinschmolz, bleibt unvertilgbar. Sogar der Geist der Offiziere unserer Armee ist beinahe vernichtet. Mehrere haben sich freiwillig gefangen nehmen lassen, und haufenweise boten sie ihre Kapitulation dem Feinde an, da es in ihrer Macht stand, sich zu retten. Die Folgen dieser schändlichen Sinnesart würden dann recht fühlbar werden, wenn je wieder der Sieg sich an unsere Fahnen kettete . . . Dann könnte die Armee aus ihrer Asche wieder entstehen, aber dann würde auch der Mangel an Offizieren die neue Schöpfung an ihrem Fortgange sehr hindern, obschon unter tüchtigen Anführern und mit Verbannung alter Armeevorurteile sich vielleicht neue Menschen bilden ließen, die den Verlust eines großen Teils der alten vergessen ließen . . ."

Helmut Bock: Zwischen Thron und Vaterland. Berlin 1966, S. 83 ff.

Reflexionen zur Schlacht von Zeitgenossen

Kammerpräsident Wagner am 06.11. 1806:

"Daß wir geschlagen werden konnten, darüber wundere ich mich nicht, aber so mausetot an einem einzigen Tage, das übersteigt mein Fassungsvermögen."

Bernd von Münchow-Pohl: Zwischen Krieg und Reform. Phil. Diss. (= Veröffentlichungen des Max-Planck-Institutes für Geschichte Nr. 87), Göttingen o. J., S. 40.

R. F. Eylert, Predigten vom Jahre 1809 in der Potsdamer Garnisonskirche:

"Die Veränderungen, die uns getroffen, kamen mit einer so furchtbaren Schnelligkeit, waren in ihren Angriffen so betäubend und erschütternd, in ihren Umwälzungen so schrecklich zerstörend, daß uns oft alles, was sich uns zugetragen hat, wie ein ängstlicher Traum vorkommt."

Bernd von Münchow-Pohl: Zwischen Krieg und Reform. Phil. Diss., Göttingen o. J., S. 44.

Clausewitz über die Schlacht bei Jena:

"Welches ist nun der Charakter der Schlacht selbst? General Tauentzien zieht sich in der Nacht vom 13. auf den 14. in die Ebene zurück, um am Morgen im dicksten Nebel mit Echelons (in Staffeln) den Feind wieder anzugreifen. Er wird natürlich geschlagen und halb gesprengt. Nun kommt General Grawert, verändert seine Front und rückt gleichfalls in Echelons gegen den Feind an und wird geschlagen. Hierauf kommt General Rüchel an, rückt in Echelons vor und wird geschlagen. Die Sachsen bleiben unterdes in ihrer müßigen Flankenstellung auf dem Flohberge stehen, als ob nichts vorginge, werden umgangen und gefangen genommen. So hat also jede dieser Abteilungen von 6, 10 und 15 000 Mann ihre eigne kleine Schlacht gegen eine Masse von 60 000 Mann versucht, ohne daß irgendein Punkt der Einheit möglich gewesen wäre."

Friedrich Schulze (Hrsg.): Die Franzosenzeit in deutschen Landen 1806-1815. I. Bd., Leipzig 1908, S. 44.

Gneisenau über die Stellung der Preußen auf dem Hochplateau von Jena (im November 1806):

"Man besaß zwar das Haus, der Feind aber Türen und Fenster."

Friedrich Schulze (Hrsg.): Die Franzosenzeit in deutschen Landen 1806-1815. I. Bd., Leipzig 1908, S. 44.

Aus der Rede Otto von Bismarcks, gehalten auf dem Jenaer Marktplatz am 31. Juli 1892:

"Der Name Jena hatte für mich als Sohn einer preußischen Militärfamilie einen schmerzlichen und niederdrückenden Klang. Es war das natürlich, und ich habe erst in reiferen Jahren einsehen gelernt, welchen Ring in der Kette der göttlichen Vorsehung für die Entwicklung unseres deutschen Vaterlandes die Schlacht von Jena gebildet hat. Mein Herz kann sich nicht darüber freuen, mein Verstand sagt mir aber, wenn Jena nicht gewesen wäre, wäre vielleicht Sedan auch nicht gewesen. Die friederizianische preußische Monarchie war eine großartige, in sich einige Schöpfung, aber sie hatte ihre Zeit ausgelebt. Und ich glaube nicht, wenn sie bei Jena siegreich gewesen wäre, daß wir in einen gedeihlichen Weg nationaler deutscher Entwicklung geleitet sein würden. Ich weiß es nicht. Aber die Zertrümmerung des morsch gewordenen Baues - morsch, wie die Kapitulationen unserer ältesten und achtbarsten Generäle aus jener Zeit bewiesen haben - schuf einen freien Platz zum Neubau, und das zerschlagene Eisen der altpreußischen Monarchie wurde unter dem schweren und schmerzlichen Hammer zu dem Stahl geschmiedet, der 1813 die Fremdherrschaft mit scharfer Elastizität zurückschleuderte. Ohne Zusammenbruch der Vergangenheit wäre das Erwachen des deutschen nationalen Gefühles im preußischen Lande, welches aus der Zeit der tiefsten Schmach und Fremdherrschaft seine ersten Ursprünge zieht, kaum möglich gewesen."

Die politischen Reden des Fürsten Bismarck. Historisch-kritische Gesamtausgabe, besorgt von Horst Kohl, Stuttgart, Bd. VIII, S. 138.

Alterszusammensetzung des preußischen Offizierskorps 1806

	Gesamt	In Jahren über 40	50	60	70	80
Generale	142	-	-	62	13	4
Stabsoffiziere der Fußtruppen*	540	-	187	110	7	-
Stabsoffiziere der Kavallerie*	227	-	129	25	-	-
Stabsoffiziere der Artillerie*	39	-	-	22	4	-
Stabsoffiziere der Ingenieure, Pontoniere und Mineure*	14	-	7	2	1	-
Hauptleute und Rittmeister*	1277	-	166	24	2	-
Leutnants der Artillerie	261	7	9	5	1	-

* Ohne die nicht regimentierten.

Vgl. 1806. Das Preußische Offizierskorps und die Untersuchung der Kriegsereignisse, Hrsg. vom großen Generalstabe, Kriegsgeschichtliche Abteilung II, 2., unveränd. Auflage, Berlin 1906, S. 86.

Nichtpreußische Offiziere

Allein unter den höhern Stabs-Officieren der preußischen Armee von 1806 befinden sich folgende aus fremden Ländern gebürtige Individuen (nicht daher abstammende, sondern dort geborene):

Franzosen 12, - Italiäner 3, - Griechen 1, - Polen 20, - Oesterreicher 3, - Holländer 6, - Curländer und Russen 23, - Schweden 15, - Dänen 7, - Schweizer 13, - Bayern 4, - Würtemberger 8, - Meklenburger 39, - Anthaltiner 10, - Braunschweiger 10, - Sachsen und Thüringer 108, - Hannoveraner 8, - Hessen 18, - Aus allen übrigen nicht Preußischen Gegenden Deutschlands ungefähr 50, - Eine bey weiterm zahlreichere und mannichfaltigere Mischung fast aller Europäischen Nationen (auch Engländer, Schotten und Portugiesen) findet sich unter den Subaltern-Officieren. - Officiere von Französischen Familien und Namen, sowohl von den alten Französischen Colonien, als neue Einzügler findet man in der Rangliste gewiß über tausend. Es mögen übrigens ungefähr im Ganzen wohl zwischen 7 bis 8000 Officiere derzeit in der Preußischen Armee gewesen sein.

Minerva. Ein Journal historischen und politischen Inhalts. Hrsg. von J. W. von Archenholz, December 1807 (Hamburg), S. 426.

Zeittafel

7. 2. 1792	Bündnisschluß Österreich und Preußen
20.4. 1792	Frankreich erklärt Österreich den Krieg als Reaktion auf die äußere Bedrohung der Revolution (1. Koalitionskrieg zwischen Frankreich und dem verbündeten Österreich und Preußen)
25. 7. 1792	Manifest des Herzogs von Braunschweig (Oberbefehlshaber) und Drohung mit der Vernichtung von Paris im Falle der weiteren Bedrohung der königlichen Familie
19. 8. - 2. 9. 1792	Vormarsch der Preußen bis Verdun
20. 9. 1792	Kanonade von Valmy, Beginn des Rückzugs der Verbündeten Österreicher und Preußen
Januar 1793	Vertrag über zweite Teilung Polens zugunsten Rußlands und Preußens
Februar/März	Eintritt Englands, Hollands und Spaniens in den Krieg gegen Frankreich
Herbst 1794	dritte Teilung Polens zugunsten Rußlands, Österreichs und Preußens
April 1795	Frieden von Basel, Rückzug Preußens aus dem Krieg
März 1796	Napoleon übernimmt das Kommando über die Armee in Italien
April - November 1796	Eroberung weiter Teile Oberitaliens durch französische Truppen
14. 1. 1797	Sieg Napoleons bei Rivoli
2. 2. 1797	Übergabe von Mantua an die Franzosen
10. 2. 1797	Einnahme von Loretto durch Napoleon
19. 2. 1797	Franzosen kurz vor Rom, Napoleon schließt mit Papst Pius VI. Frieden von Tolentino
März/April 1797	weitere Niederlagen der Österreicher bei Tagliamento, Bozen und Triest
18. 4. 1797	Unterzeichnung des Vorfriedens von Leoben
17. 10. 1797	Frieden von Campo-Formio zwischen Frankreich und Österreich. Letzteres erkennt die Republik Frankreich an und verzichtet auf seine Besitzungen in den Niederlanden und Italien
1798 - 1799	Napoleon in Ägypten/Syrien
März 1799	Beginn des zweiten Koalitionskrieges, in dem England, Rußland, Österreich, Portugal, Neapel und die Türkei gegen Frankreich kämpften
4. 6. 1799	unentschiedene Schlacht zwischen Frankreich und Österreich bei Zürich
25. 7. 1799	völlige Vernichtung der Türken durch Napoleon
9./10. 11. 1799	Napoleon beseitigt das Direktorium und wird erster Konsul (18. Brumaire)
20. 5. 1800	die neue Reservearmee überschreitet unter Napoleons Führung den Großen Sankt Bernhard
2. 6. 1800	Einnahme von Mailand
14. 6. 1800	Sieg der Franzosen über die Österreicher bei Marengo. Piemont und die Lombardei gehen wieder in französischen Besitz über.
3. 12. 1800	Niederlage der Österreicher bei Hohenlinden

9. 2. 1801	Frieden von Luneville zwischen Frankreich und Österreich (zugleich im Namen des Heiligen Römischen Reiches Deutscher Nation unterzeichnet)
18. 3. 1801	Frieden von Florenz zwischen Frankreich und dem König von Neapel. Porto-Longone, Elba und das Fürstentum Piombino kommen zu Frankreich, der König verpflichtet sich, den Engländern seine Häfen zu verschließen
21. 3. 1801	Vertrag zwischen Frankreich und Spanien, der Herzog von Parma erhält die Toskana, (das Herzogtum Parma kommt 1802 an Frankreich)
6. 6. 1801	Friedensvertrag zwischen Spanien, Portugal und Frankreich
25. 7. 1801	Friedens- und Bündnisvertrag zwischen Frankreich und Bayern
Anfang Oktober 1801	Vorverhandlungen über Frieden zwischen Frankreich und England/Rußland
25. 1. 1802	Napoleon nimmt Titel des Präsidenten der Italienischen Republik an
27. 3. 1802	Frieden von Amiens zwischen Frankreich, Spanien, Holland und England (Ende des 2. Koalitionskrieges)
2. 8. 1802	Senatsbeschluß auf Basis einer Volksbefragung, daß Napoleon Erster Konsul auf Lebenszeit wird
25. 2. 1803	Reichsdeputationshauptschluß, Mediatisierung kleiner Herrschaften und Reichsstädte, Säkularisierung der geistlichen Fürstentümer
Mai 1803	Bruch des Friedens von Amiens und erneut Krieg zwischen Frankreich und England
3. 6. 1803	Besetzung Hannovers durch französische Truppen (Kapitulation von Suhlingen)
27. 9. 1803	Bündnisvertrag zwischen Frankreich und der Schweiz
21. 3. 1804	Beschluß über die Einführung eines zusammenfassenden bürgerlichen Gesetzbuches "Code civil des Francais (Code Napoleon) in Frankreich
2. 5. 1804	Mitglieder der Gesetzgebenden Körperschaft schlagen vor, daß Napoleon zum Kaiser erklärt werden und dies in der Familie erblich werden soll
18. 5. 1804	Senatsbeschluß über die Ausrufung des Ersten Konsuls (Napoleon) zum Kaiser
19. 5. 1804	Napoleon ernennt Berthier, Murat, Moncey, Jourdan, Masséna, Augereau, Bernadotte, Soult, Brune, Lannes, Mortier, Ney, Davout, Bessières, Kellermann, Lefebvre, Perrignon und Sérurier zu Marschällen von Frankreich
11. 8. 1804	Kaiser Franz II. nimmt den Titel eines österreichischen Kaisers an
17. 10. 1804	Dekret Napoleons über die Einberufung der gesetzgebenden Körperschaft anläßlich der Kaiserkrönung
6. 11. 1804	Senatsbeschluß mit der Erklärung, daß die Stimmauszählung der Wahlzettel ergab, daß das französische Volk die Erblichkeit der Kaiserwürde in Napoleons Familie wünscht
2. 12. 1804	Kaiserkrönung Napoleons I. durch Papst Pius VII. im Notre-Dame
11. 4. 1805	Bündnis zwischen England und Rußland
7. 7. 1805	Beitritt Österreichs zur englisch-russischen Koalition
3. 9. 1805	Kriegserklärung Österreichs an Napoleon
17. 10. 1805	Kapitulation des österreichischen Feldherrn Mack bei Ulm
21. 10. 1805	Seesieg des englischen Admirals Nelson bei Trafalgar über die französische Flotte
2. 12. 1805	Niederlage der Koalition bei Austerlitz (Dreikaiserschlacht)
26. 12. 1805	Friede zu Preßburg. Napoleon hat die Koalition zerschlagen. Ernennung Bayerns und Württembergs zu Königreichen
15. 2. 1806	Preußen erhält von Napoleon Hannover im Austausch
12. 5. 1806	Annahme des Code civil in Paris
12. 7. 1806	Unterzeichnung des Rheinbundvertrages. Napoleon zum Protektor gewählt

6. 8. 1806	Franz II. legte die deutsche Kaiserkrone nieder, Ende des Heiligen Römischen Reiches deutscher Nation
27. 8. 1806	Hinrichtung des Buchhändlers Palm nach Verurteilung durch französisches Militärgericht wegen Verbreitung antinapoleonischer Schriften
8. 10. 1806	Ultimatum Preußens an Frankreich zum Abzug französischer Truppen aus Süddeutschland. Napoleon verläßt Bamberg. 1. Bulletin der Großen Armee. Treffen bei Schleiz zwischen preußischen und französischen Truppen
10. 10. 1806	Gefecht bei Saalfeld. Tod des preußischen Prinzen Louis Ferdinand
13. 10. 1806	Eintreffen der französischen Truppen in Jena
14. 10. 1806	Schlacht bei Jena und Auerstedt
16. 10. 1806	Übergabe von Erfurt. Napoleon verweigert den Waffenstillstand mit Preußen
17. 10. 1806	Schlacht bei Halle. Niederlage des Prinzen Eugen von Württemberg
18. 10. 1806	Goethe heiratet in Weimar. Besetzung Leipzigs durch Davout
24. 10. 1806	Besetzung Potsdams durch die Franzosen
25. 10. 1806	Kapitulation von Spandau
27. 10. 1806	Blockade von Magdeburg
28. 10. 1806	Einnahme von Prenzlau. Kapitulation Fürst Hohenlohes
29. 10. 1806	Übergabe von Stettin
1. 11. 1806	Kapitulation von Küstrin
6./7. 11. 1806	Schlacht bei Lübeck
10. 11. 1806	Waffenstillstand zwischen Preußen und Frankreich
11. 11. 1806	Einnahme von Magdeburg durch Ney
21. 11. 1806	Napoleon erläßt Dekret über die Kontinentalsperre gegen England
28. 11. 1806	Besetzung Warschaus durch die Franzosen
2. 12. 1806	Kapitulation der Festung Glogau
11. 12. 1806	Franzosen überqueren den Bug. Der Kurfürst von Sachsen tritt dem Rheinbund bei und nimmt die Königswürde an
25./26. 12. 1806	Schlacht Napoleons gegen die Russen bei Pultusk. Rückzug der Russen
5. 1. 1807	Übergabe von Breslau an die Franzosen
8. 2. 1807	Schlacht von Preußisch-Elau. Rückzug der Russen
26. 5. 1807	Kapitulation Danzigs nach 53tägiger Belagerung durch französische Truppen
14. 6. 1807	Schlacht bei Friedland. Niederlage der Russen
16. 6. 1807	Besetzung Königsbergs durch die Franzosen
8. 7. 1807	Frieden von Tilsit

Anmerkungen

1 Thomas Nipperdey: Deutsche Geschichte 1800-1866. Bürgerwelt und starker Staat. München 1991, S. 11.

2 Zit. nach Thomas Stamm- Kuhlmann: König in Preußens großer Zeit. Friedrich Wilhelm III. der Melancholiker auf dem Thron. 1992, S. 240.

3 Vgl. u.a. Carl von Clausewitz: Nachrichten über Preußen in seiner großen Katastrophe. (= Kriegsgeschichtliche Einzelschriften, H. 10), Berlin 1888; Hermann von Boyen: Denkwürdigkeiten und Erinnerungen 1771-1813. Bd. 1, (3. Aufl.), Stuttgart 1913; Georg Eckert: Von Valmy bis Leipzig. Quellen und Dokumente zur Geschichte der preußischen Heeresreform, Hannover und Frankfurt a. M. 1955.

4 Vgl. u.a. F.A.L. von der Marwitz: Jena 1806. Aus gleichzeitigen Tagebuchaufzeichnungen. Berlin 1937; Von Jena bis Neiße. Militär- und kulturgeschichtliche Bilder aus den Jahren 1806-1819. Tagebuch-Aufzeichnungen des Generalmajors Carl Friedrich von Blumen. Hg. von Cd. M. von Unruh, Leipzig 1904;

5 Von Blumen, Von Jena bis Neiße, S. 10.

6 Ebenda, S. 25 f.

7 Vgl. Minerva. Ein Journal historischen und politischen Inhalts. Hrsg. von J. W. von Archenholz, vierter Band, Hamburg 1807, S. 413 ff.

8 Vgl. zur Altersstruktur der preußischen Führung Quellenanhang oben Seite 73.

9 zusammenfassend vgl. auch C. Frhr. von der Goltz: Von Roßbach bis Jena und Auerstedt. Ein Beitrag zur Geschichte des preußischen Heeres. (2. Aufl.), Berlin 1906, S. 144 ff., wenngleich mit eigenwilligen Schlußfolgerungen.

10 Franz Adam Beyerlein: Jena oder Sedan? (3. Aufl.), Berlin 1903.

11 Reinhard Buchwald: Miterlebte Geschichte. 1884-1930. Weimar 1992, S. 34 ff., 129 f.

12 Protokoll über die Verhandlungen des Parteitages der Sozialdemokratischen Partei Deutschlands. Abgehalten zu Jena vom 17. bis 23. September 1905, Berlin 1905, S. 151.

13 Ernst Moritz Arndt: An die Preußen, zit. nach: Die Erhebung gegen Napoleon 1806-1814. Hrsg. v. Bernd Spieß (= Quellen zum politischen Denken der Deutschen im 19. und 20. Jahrhundert. Freiherr vom Stein-Gedächtnisausgabe, Bd. 2), Darmstadt 1981, S. 224.

14 Zitiert nach Eduard Leidolph: Die Schlacht bei Jena. Jena 1926, S. 1.

15 Vgl. Deutsche Führerbriefe, Nr. 85 u. 86 v. 1. / 4.11.1932; vgl. auch Jürgen John: Überlegungen zur ausgeschriebenen Stadtgeschichte Jenas und ihrer Periodisierung. In: Jenaer stadtgeschichtliche Beiträge. Hrsg. v. Jürgen John in Verbindung mit dem Verein "academica & studentica Jenensia" e.V., (= Bausteine zur Jenaer Stadtgeschichte, Bd. I), Jena 1993, S. 32.

16 Vgl. für die folgenden Ausführungen Thomas Nipperdey: Deutsche Geschichte 1800-1866, S. 11 ff.; Karl Ottmar Freiherr von Aretin: Vom Deutschen Reich zum Deutschen Bund. Göttingen 1980, S. 60 ff.; Helmut Berding/Hans-Peter Ullmann (Hrsg.): Deutschland zwischen Revolution und Restauration. Einleitung, 1981, S. 11 ff.

17 Zitiert nach Richard Friedenthal, Goethe. Sein Leben und seine Zeit, S. 453 f., Berlin/Wien 1978, S. 388.

18 Historisch-politisches Arbeitsbuch. Quellenband II: Vom Zeitalter der Aufklärung bis zur Gegenwart, bearb. von Hermann Meyer und Wilhelm Langenbeck, (5. Aufl.), Frankfurt a. M. 1972, S. 30 f.

19 Karl Friedrich Freiherr von Müffling (1775-1851) in: Friedrich Schulze: Die Franzosenzeit in Deutschen Landen, Leipzig 1908, S. 31.

20 Fr. Förster: Neuere und neueste Preußische Geschichte. I. Bd., Berlin 1854, S. 161ff.

21 Massenbach hatte als General-Quartiermeister maßgeblichen Einfluß, insbesondere auf den Fürsten von Hohenlohe. Seine Rolle bei Jena und Auerstedt und insbesondere bei Prenzlau war umstritten. Er hat seine Entscheidungen und Verhaltensweisen ausführlich geschildert in: Historische Denkwürdigkeiten zur Geschichte des Verfalls des preußischen Staats seit dem Jahre 1794 nebst seinem Tagebuche über den Feldzug von 1806 von dem Obristen von Massenbach, Generalquartiermeisterlieutenant und Ritter des Verdienstordens. In zwei Theilen Amsterdam 1809.
Als Meinungsäußerung zu Massenbach vgl. Aus dem Nachlasse Friedrich Ludwig's von der Marwitz. Berlin 1852, Bd. 2, S, 64; A. von Boguslawski: Armee und Volk im Jahre 1806. Berlin 1900, S. 23.

22 Eine andere Meinung vertritt Ernst Koch, vgl. Quellenanhang oben S. 66.

23 Vgl. auch Klaus-Peter Lange: Das Erbe der Schlacht vom 14. Oktober 1806 bei Jena und Auerstedt. Denkmäler und ihre Geschichte auf dem ehemaligen Schlachtfeld. 2. Aufl., Jena/Erlangen 1993, S. 59 ff.

24 Hohenlohe gab dem sächsischen General Zezschwitz auf Anfrage Bescheid, "daß es an diesem Tage noch zu keinem ernsthaften Gefecht kommen werde." Fr. Förster: Neuere und neueste Preußische Geschichte. 1. Bd., Berlin 1854, S. 762.

25 Da Marschall Soult, aus dem Rautal kommend, Holtzendorffs Truppen angriff und dieser den Rückzug befahl.

26 Napoleon auf St. Helena: "Ich hätte ihn Divisionsgeneral bleiben lassen sollen. Er war voller Sparren, ein richtiger Tolkopf." Xavier Comte de Courville: Jomini. Berlin 1938, S. 83.

27 Vgl. ebenda.

28 Vgl. ebenda.

29 "Es ist wahrhaft erstaunlich, mit welcher Zähigkeit irrige Ansichten bestehen bleiben, . . . Bei der Schlacht von Jena handelt es sich um zwei solcher Legenden: die eine ist der "Verrat" des Pfarrers Putsche, der längst in seiner ganzen Tatsächlichkeit ins Reich der Fabel verwiesen ist und doch immer wieder auftaucht, . . ."
Herbert Koch, Die Schlach bei Jena. Sonderdruck zum Jenaer Volksblatt, 14. Okt. 1926, S. 11.

30 A. von Boguslawski, Armee und Volk, S. 52.

31 Vgl. Johann Adam Krippendorf: Schilderungen der merkwürdigsten Kriegsbegebenheiten bei Auerstedt. Hrsg. v. K.-P. Lange, Jena 1992.

32 Kalckreuth kam mit seinen ca. 18000 Mann gar nicht zum Einsatz.

33 (Johann Jakob Otto August) R(ühle) v. L(ilienstern): Bericht eines Augenzeugen von dem Feldzuge der während den Monaten September und Oktober 1806 unter dem Kommando des Fürsten Hohenlohe-Ingelfingen gestandenen Königl. preußischen und Churfürstl. sächsischen Truppen. Tübingen 1809, S. 287.

34 Förster, Neuere u. neueste Geschichte, l. Bd., S. 783 ff.

35 Ebenda S. 769.

36 Ebenda S. 767 ff.

37 Ebenda

38 Ebenda

Personenregister

Summary

On the 14th of October 1806, the Prussian Army suffered a crushing defeat during the double Battles of Jena and Auerstedt. Napoleon Bonaparte himself had commanded the Battle of Jena and at almost the same time, the French troops commanded by Field Marshall Davout were successful in forcing the Prussian troops at Auerstedt to retreat.

These significant double Battles of 1806 finally lead to the collapse of Ancient Prussia. In Tilsiter, in July 1807, Prussia had to peacefully surrender to France. It was here and up to 1813/1815 that the roots of the Anti-Napoleonic War of Liberation in Germany were first established.

In this book, the author Professor Günter Steiger (1925-1987) provides a clear and meaningful analysis of events in 1806. He describes in detail the military issues concerning the Battles of Jena and Auerstedt as well as the political situation before and after. At the same time the varied military tactics and leadership skills of the French and Prussian troops are taken into account, as is military strength, the number of soldiers killed in action, casualties and the fate of the civil population. The publication originates from the significant completion of the exhibition situated at the '1806 Memorial' which was reconstructed in 1979.

It is located in the village of Cospeda which formed part of the initial positions taken by the troops of the French marshalls Lannes, Augereau and Ney before they advanced for their victorious attack. Within eyeshot of the memorial lies the position that Napoleon and the Guards took before the start of the battle.

In the museum the events of 1806 are largely described by means of original objects such as military arms, uniforms, battle plans, historical diagrams and paintings as well as numerous tin soldiers.

The exhibition on the whole provides an overall view of the 'Napoleonic Era'. In the immediate vicinity of Cospeda, one can find numerous stone markers which help show the visitor clearly the course of the battle and the old troop placements.

The now published second edition has been revised through a reference appendix, a new bibliography, a chronological table, a personal index and added comments.

Conclusion

Le quatorze octobre 1806, l'armée prussienne essuya une défaite écrasante lors de la bataille de Iéna et celle d'Auerstedt. Napoléon Bonaparte avait lui-même commandé la bataille de Iéna. Les troupes françaises sous le commandement du Maréchal Davout, avaient réussi, presque simultanément, à contraindre les troupes prussiennes à Auerstedt au repli militaire.

Cette bataille importante de 1806, qui fut double, entraina au bout du compte l'effondrement de l'ancienne Prusse.

Au mois de Juillet 1807, la Prusse dut se soumettre à la France par le traité de Paix conclu à Tilsit. Ce fut ici, en Allemagne, que germea l'idée-déjà-d'une guerre d'indépendance, antinapoléonienne, approuvée jusqu'en 1813/15.

Dans son livre, l'auteur, le Professeur Günter Steiger (1925-1987) propose une analyse claire et aussi éfficace qu'un énoncé des événements ayant eu lieu en 1806.

Il dépeint en détail aussi bien les batailles de Iéna et d'Auerstedt dans leurs déroulements militaires que l'histoire politique d'avant et d'après 1806. En outre, l'auteur tient compte autant des diverses tactiques et de la manière dont furent dirigées les troupes françaises et prussiennes que des effectifs, des morts, des blessés et du sort de la population civile. La publication apparut comme un complément représentatif de l'exposition se déroulant dans le "lieu commémoratif 1806", qui fut reconstruit en 1979.

L'exposition offre dans l'ensemble, un aperçu de l'ère napoléonienne. A proximité immédiate de Cospeda se trouvent de nombreuses pierres de marquage, qui, très clairement, aident le visiteur à comprendre la mise en place des troupes et le déroulement de la bataille.

Un supplément de sources, de nouveaux livres littéraires, un tableau chronologique, des tables alphabétiques et des observations supplémentaires ont enrichi la deuxième édition publiée ici pour en améliorer le texte.

Le musée se trouve dans le village de Cospéda où les troupes victorieuses des Maréchaux Lannes, Augereau et Ney ont pris leurs premières positions. A deux pas du musée se trouve l'ancien point de vue de Napoléon et de sa garde au commencement de la bataille. Des objets pour la plupart originaux comme armes, uniformes, plans de bataille, estampes et tableaux historiques, ainsi qu'un grand nombre de soldats d'étains illustrent les événements de 1806.

Literaturverzeichnis

Literaturverzeichnis zur 1. Auflage

Clausewitz, C. v.: Nachrichten über Preußen in seiner großen Katastrophe (geschrieben ca. 1823/24). Berlin 1888. (Kriegsgeschichtliche Einzelschriften, H. 10).

Mehring, F.: Jena und Tilsit. Ein Kapitel ostelbischer Junkergeschichte (Leipzig 1906). In: Mehring, Gesammelte Schriften, hg. von Th. Höhle, H. Koch u. J. Schleifstein. Bd. 6. Berlin 1972, S. 7-151.

Streisand, J.: Der Zusammenbruch Preußens (1806). In: Streisand, Deutschland von 1789 bis 1815. Berlin, 4. Aufl. 1977, S. 132-141.

Vogler, G. und **K. Vetter:** Preußen. Von den Anfängen bis zur Reichsgründung. Berlin, 2. Auflage 1973, S. 145-154.

(Davout, L. N.): Operations du 3ᵉ Corps 1806-1807: Rapport du Marechal Davout, Duc d'Auerstaedt. Paris 1896.

(Napoléon I.): Correspondance. 32 Bände. Paris 1858-1870 (speziell Bd 13).

Bertaud, J.-P.: La révolution armée. Les soldatscitoyens et la Révolution française. Paris 1979.

Kircheisen, F. M.: Napoleon I. Sein Leben und seine Zeit. 9 Bände. München/Leipzig 1911-1934 (speziell Bd 7).

Macdonell, A. G.: Napoleon and his marshals. London/New York 1934 (deutsch 1936).

Manfred, A. S.: Napoleon Bonaparte. (Übersetzung aus dem Russischen von B. Heitkam). Berlin 1978. S. 412-436.

Markov, W. und **A. Sobol:** 1789. Die Große Revolution der Franzosen. Berlin 1973.

Mourois, A.: Napoleon in Selbstzeugnissen und Bilddokumenten. (Übersetzung aus dem Französischen von I. Esterer). Reinbek 1966. (Napoleonbibliographie) S. 127-144.

Tarlé, E.: Napoleon. (Übersetzung aus dem Russischen von E. Woog und H. Koplenig). Berlin 1959 (und weitere Auflagen). S. 223-260.

Usczeck, H.: Scharnhorst. Theoretiker, Reformer, Patriot. Sein Werk und seine Wirkung in seiner und für unsere Zeit. 3. Aufl. Berlin 1979.

(Autorenkollektiv): Kurzer **Abriß** der Militärgeschichte von den Anfängen der Geschichte des deutschen Volkes bis 1945. (Berlin 1974). S. 113-120.
(= Schriften des Militärgeschichtlichen Instituts der DDR).

Bonnal: La Manœuvre d'Iena. Paris 1904.

Esposito, V. J. und **J. R. Elting:** A Military History and Atlas of the Napoleonic Wars. London/New York 1964. Map 57-68.

Foucard, P.: Campagne de Prusse (1806). D'après les archives de la guerre. I: Jena. Paris 1887.

Höpfner, E. v.: Der Krieg von 1806 und 1807. Bd. I. Berlin 1850.

Houssaye, H.: Jena et la Campagne de 1806. Paris 1912.

Kebbel, H.: Weimar in der Zeit der Befreiungskriege 1806-1815. (Weimar 1955) S. 9-28.
(= Schriften zur Stadtgeschichte und Heimatkunde, hg. vom Stadtmuseum Weimar. H. 1).

Keil, R. und **R.:** Goethe, Weimar und Jena im Jahr 1806. Leipzig 1882.

Koch, H.: Die Toten der Schlacht bei Jena. In: Mitteldeutsche Familienkunde. Bd III, Jg. 13, Heft 4, Oktober/Dezember 1972. S. 369-372.

Leidolph, E.: Die Schlacht bei Jena. Jena, 3. Aufl. 1926.

Lettow-Vorbeck, O. v.: Der Krieg von 1806 und 1807. Bd.

I: Jena und Auerstedt. Berlin, 2. Aufl. 1899

Lies, O.: Die Schlacht bei Auerstedt. In: Lies, die Ruinen der Eckartsburg und das Diorama der Schlacht von Auerstedt. (Eckartsberga 1955).

Paul, G.: Die Schicksale der Stadt Jena und ihrer Umgebung in den Oktobertagen 1806. Nach den Quellen dargestellt. Jena 1920.
(= Zeitschrift des Vereins für thüringische Geschichte und Altertumskunde. Beiheft 9).

Petre, F. L.: Napoleon's Conquest of Prussia, 1806. London/ New York 1907.

Piltz, E.: Die Geländeform des Jenaer Schlachtfeldes. In: Mitteilungen der Geographischen Gesellschaft zu Jena. Bd. 24, 1906, S. 1-8.

(Seidler, L.): Erinnerungen der Malerin Luise Seidler, hg. von H. Uhde (1873), neu hg. von J. Müller. Weimar 1965. S. 42-59.

Taysen, F. v.: Wanderungen auf dem Jenaer Schlachtfelde. Jena 1906.

Gedenkstätte 1806 in Cospeda. Die Schlacht bei Jena und Auerstedt. (Museumsführer, hg. vom Rat des Kreises Jena-Land, Abt. Kultur). Jena 1956.

Weber, P.: Die Schlacht bei Jena 1806. Katalog der Hundertjahr-Ausstellung im Städtischen Museum zu Jena. Jena 1906.

Erweitertes Literaturverzeichnis zur 2. Auflage

Aretz, Paul und **Gertrude (Hrsg.):** Napoleon I. Mein Leben und Werk. Berlin o.J.

Blasius, Dirk: Die Schill'schen Offiziere. Eine historische Würdigung. Wesel 1985.

Boguslawski, A. von: Armee und Volk im Jahre 1806. Berlin 1900.

Courville Comte de: Jomini. Berlin 1938.

Durfraisse, Roger: Die Deutschen und Napoleon im 20. Jahrhundert. München 1991.

Eberhardt, Magnus von (Hrsg.): Aus Preußens schwerer Zeit. Berlin 1907.

Eckert, Georg: Von Valmy bis Leipzig, Quellen und Dokumente zur Geschichte der preußischen Heeresreform. Hannover und Frankfurt a.M. 1955.

Fesser, Gerd: Die Schlacht bei Jena und Auerstedt 1806. Illustrierte historische Hefte, H. 42, Berlin 1986.

Förster, Fr.: Neuere und neueste Preußische Geschichte (seit dem Tode Friedrichs II. bis auf unsere Tage), 1. Band, Berlin 1854.

Greiling, Werner (Hrsg.): Napoleon Bonaparte und das französische Volk unter seinem Konsulate. Leipzig 1993.
Grundzüge der deutschen Militärgeschichte. 2 Bde., Freiburg 1993.

Helmert, Heinz/Usczeck, Hansjürgen: Europäische Befreiungskriege 1808-1814/15. Militärischer Verlauf. 3. Aufl., Berlin 1986.

Herre, Franz: Napoleon Bonaparte. 3. Aufl., München 1989.

Historische Denkwürdigkeiten zur Geschichte des Verfalls des preußischen Staats seit dem Jahre 1794 nebst seinem Tagebuch über den Feldzug von 1806 von dem Obristen von Massenbach, Generalquartiermeisterlieutenant und Ritter des Verdienstordens. In zwei Theilen, Amsterdam 1809.

Langewiesche, Dieter (Hrsg.): Revolution und Krieg. Zur Dynamik historischen Wandels seit dem 18. Jahrhundert. Paderborn 1989.

Ludwig, Emil: Napoleon. Frankfurt/Main, Berlin 1991.

Mereschkowski, Dimitri: Napoleon. Berlin 1928.

Münchow-Pohl, Bernd von: Zwischen Reform und Krieg. Untersuchungen zur Bewußtseinslage in Preußen 1809-1812. (= Veröffentlichungen des Max-Plank-Instituts für Geschichte. 87), Göttingen o. J.

Nipperdey, Thomas: Deutsche Geschichte. 1800-1866. Bürgerwelt und starker Staat. München 1991.

R(ühle) v. L(ilienstern): (Johann Jakob Otto August): Berichte eines Augenzeugen von dem Feldzuge der während den Monaten September und October 1806 unter dem Kommando des Fürsten zu Hohenlohe-Ingelfingen gestandenen Königl. preußischen und Churfürstl. sächsischen Truppen. Erster Theil. Tübingen 1809.

Schulze, Friedrich (Hrsg.): Die Franzosenzeit in deutschen Landen. Erster Band 1806-1812. Leipzig 1908.

Schremmer, Bernd: Sankt Helena oder die Chance der Verbannung. Leipzig 1986.

Stamm-Kuhlmann, Thomas: König in Preußens großer Zeit. Friedrich Wilhelm III. der Melancholiker auf dem Thron. Berlin 1992.

Stübing, Heinz: Scharnhorst. Die Reform des preußischen Heeres. (= Persönlichkeiten und Geschichte, Bd. 131), Göttingen/Zürich 1988.

Tulard, Jean: Napoleon oder der Mytos des Retters. Tübingen 1978.
von Boyen, Herrmann: Denkwürdigkeiten und Erinnerungen 1771-1813. Bd. 1, 3. Aufl., Stuttgart 1913.
von der Goltz, C(olmar) Frhr.: Von Roßbach bis Jena und Auerstedt. Ein Beitrag zur Geschichte des Preußischen Heers. (2. Aufl.), Berlin 1906.
von der Marwitz, Friedrich August Ludwig: Aus dem Nachlasse. 2. Band: Militairische Aufsätze - Politische Aufsätze. Berlin, 1852.
Friedrich August Ludwig von der Marwitz. Ein märkischer Edelmann im Zeitalter der Befreiungskriege. Hrsg. von Friedrich Menzel, 3 Bde., Berlin 1908/13.
F(riedrich) A(ugust) L(udwig) von der Marwitz: Jena 1806. Aus gleichzeitigen Tagebuchaufzeichnungen. Berlin 1937.
Von Jena bis Neiße, Militär- und kulturgeschichtliche Bilder aus den Jahren 1806-1819. Tagebuch-Aufzeichnungen des Generalmajors Carl Friedrich von Blumen. Hrsg. von Cd. M. von Unruh, Leipzig 1904.
Wehler, Hans Ulrich: Deutsche Gesellschaftsgeschichte. Bd. 1: 1700-1815. Vom Feudalismus des Alten Reiches bis zur Defensiven Modernisierung der Reformära. München 1992.
Wünscher, Oskar: Die Schlachten bei Jena und Auerstedt. Eisennach 1926.
1806. Das Preußische Offizierskorps und die Untersuchung der Kriegsereignisse. Hrsg. vom Großen Generalstabe, Kriegsgeschichtliche Abteilung II, 2. unveränd. Aufl., Berlin 1906.

Literaturangebot in der Gedenkstädte 1806

Keusgen, Helmut K.: Waterloo danach . . . Biographie einer historischen Stätte. 1. Aufl. Hannover 1990.

Krippendorf, Johann Adam: Schilderungen der merkwürdigsten Kriegsbegebenheiten bei Auerstedt. Hrsg. v. K.-P. Lange, Jena 1992.

Lange, Klaus-Peter: Das Erbe der Schlacht vom 14. Oktober bei Jena und Auerstedt. Denkmäler und ihre Geschichte auf dem ehemaligen Schlachtfeld; Mit Wanderhinweisen. 2. Aufl., Jena/Erlangen 1993.

Schuster, Wolf-Jörg: Man lädt uns ein zum Stelldichein. Napoleon in Thüringen 1806. Jena 1993.

2. Auflage

Umschlaggestaltung: Nach Gerhard Löwe
Satz: Satzstudio Sommer GmbH, Jena
Reliefdarstellungen Seite 21, 41, 52: Gerhard Usbeck
Bildnachweis:
Roland Dreßler: Seite 8/9, 13, 17, 20, 24, 25, 28, 32, 33, 45, 55, 57, 67
Klaus-Peter Lange: Seite 37, 44
Guntard Linde: Seite 48
Günter Schörlitz: Titelbild, Seite 4, 14, 22/23, 26, 27, 30, 31, 34, 35, 36, 38, 39, 40, 47, 58, 61, 63, 64
SÄCHSISCHE LANDESBIBLIOTHEK
Abteilung Deutsche Fotothek/Günter Schörlitz: Seite 50
Die Wiedergabe des Gedichts der Ricarda Huch erfolgte mit freundlicher Genehmigung des Insel Verlages Frankfurt am Main
Übersetzungen der Zusammenfassung:
Sophie Hautreux (Französisch)
Elaine Felton (Englisch)
Gesamtherstellung: Verlag und Druckerei Fortschritt Erfurt GmbH
Printed in Germany 1994
ISBN 3-930702-00-2